高等职业教育服装专业信息化教学新形态系列教材
丛书顾问：倪阳生 张庆辉

纺织服装外贸跟单

主　编　乔　燕
副主编　刘筱慧　曲振胜
参　编　薛飞燕　张　娟　高世会

北京理工大学出版社
BEIJING INSTITUTE OF TECHNOLOGY PRESS

内 容 提 要

本书根据跟单员工作流程和主要工作内容进行编写。全书共分8个项目，其中项目1讲述纺织服装外贸跟单基础知识，项目2讲述业务跟单，项目3讲述加工厂的评估与选择，项目4讲述订单审核与分析，项目5讲述样品跟单，项目6讲述面辅料跟单，项目7讲述纺织服装生产跟单，项目8讲述包装与运输跟单。全书8个项目按照跟单员完成一笔外贸出口业务的主要工作时段划分，既独立又前后关联。

本书适合作为高等院校服装专业群相关专业外贸跟单方向课程教材，也可作为国际贸易、商务英语等专业外贸跟单方向的参考教材。本书是校企合作教材，主要知识点都配有相应视频讲解，也可以作为企业新员工培训手册和纺织服装外贸跟单从业人员自学材料。

版权专有　侵权必究

图书在版编目（CIP）数据

纺织服装外贸跟单／乔燕主编．—北京：北京理工大学出版社，2020.7（2020.9重印）
ISBN 978-7-5682-8778-4

Ⅰ.①纺… Ⅱ.①乔… Ⅲ.①纺织品－对外贸易 Ⅳ.①F746.81

中国版本图书馆CIP数据核字（2020）第133103号

出版发行／北京理工大学出版社有限责任公司	
社　　址／北京市海淀区中关村南大街5号	
邮　　编／100081	
电　　话／（010）68914775（总编室）	
（010）82562903（教材售后服务热线）	
（010）68948351（其他图书服务热线）	
网　　址／http://www.bitpress.com.cn	
经　　销／全国各地新华书店	
印　　刷／天津久佳雅创印刷有限公司	
开　　本／787毫米×1092毫米　1/16	
印　　张／7.5	责任编辑／封　雪
字　　数／171千字	文案编辑／毛慧佳
版　　次／2020年7月第1版　2020年9月第2次印刷	责任校对／刘亚男
定　　价／39.00元	责任印制／边心超

图书出现印装质量问题，请拨打售后服务热线，本社负责调换

编审委员会

丛书顾问

倪阳生　　中国纺织服装教育学会会长、全国纺织服装职业教育教学
　　　　　指导委员会主任

张庆辉　　中国服装设计师协会主席

丛书主编

刘瑞璞　　北京服装学院教授，硕士生导师，享受国务院特殊津贴专家

张晓黎　　四川师范大学服装服饰文化研究所负责人、服装与设计艺术
　　　　　学院名誉院长

丛书主审

钱晓农　　大连工业大学服装学院教授、硕士生导师，中国服装设计师
　　　　　协会学术委员会主任委员，中国十佳服装设计师评委

专家成员（按姓氏笔画排序）

马丽群	王大勇	王鸿霖	邓鹏举	叶淑芳
白嘉良	曲　侠	乔　燕	刘　红	孙世光
李　敏	李　程	杨晓旗	闵　悦	张　辉
张一华	侯东昱	祖秀霞	常　元	常利群
韩　璐	薛飞燕

总序 PREFACE

服装行业作为我国传统支柱产业之一，在国民经济中占有非常重要的地位。近年来，随着国民收入的不断增加，服装消费已经从单一的遮体避寒的温饱型物质消费转向以时尚、文化、品牌、形象等需求为主导的精神消费。与此同时，人们的服装品牌意识逐渐增强，服装销售渠道由线下到线上再到全渠道的竞争日益加剧。未来的服装设计、生产也将走向智能化、数字化。在服装购买方式方面，"虚拟衣柜""虚拟试衣间"和"梦境全息展示柜"等3D服装体验技术的出现，更预示着以"DIY体验"为主导的服装销售潮流即将来临。

要想在未来的服装行业中谋求更好的发展，不管是服装设计还是服装生产领域都需要大量的专业技术型人才。促进我国服装设计高等教育的产教融合，为维持服装行业的可持续发展提供充足的技术型人才资源，是教育工作者们义不容辞的责任。为此，我们根据《国家职业教育改革实施方案》中提出的"促进产教融合 校企'双元'育人"等文件精神，联合服装领域的相关专家、学者及优秀的一线教师，策划出版了本套教材。本套教材主要凸显三大特色。

一是教材编写方面。由学校和企业相关人员共同参与编写，严格遵循理论以"必需、够用"为度的原则，构建以任务为驱动，以案例为主线，以理论为辅助的教材编写模式，通过任务实施或案例应用来提炼知识点，让基础理论知识穿插到实际案例当中，克服传统教学纯理论灌输方式的弊端，强化技术应用及职业素质培养，激发学生的学习积极性。

二是教材形态方面。除传统的纸质教学内容外，还匹配了案例导入、知识点讲解、操作技法演示、拓展阅读等丰富的二维码资源，用手机扫码即可观看，实现随时随地、线上线下互动学习，极大限度地满足了信息化时代学生利用零碎时间学习、分享、互动的需求。

三是教材资源匹配方面。为更好地满足课程教学需要，本套教材匹配了"智荟课程"教学资源平台，提供教学大纲、电子教案、课程设计、教学案例、微课等丰富的课程教学资源，还可借助平台，组织课堂讨论、课堂测试等，有助于教师实现对教学过程的全方位把控。

本套教材力争在高等教育教材内容的选取与组织、教学方式的变革与创新、教学资源的整合与发展方面，做出有意义的探索和实践。希望本套教材的出版，能为当今服装设计教育的发展提供借鉴和思路。我们坚信，在国家各项方针政策的引领下，在各界同人的共同努力下，我国服装设计教育必将迎来一个全新的蓬勃发展时期！

编审委员会

前言

中国的纺织服装产业是最早适应市场化的产业，也是我国最具国际竞争力的产业，从 2001 年加入 WTO 至今，经过将近 20 年的发展，全世界 60% 的面料出自中国，服装出口产品面料自给率由 2% 上升到 90%，纺织服装出口额连续 20 年稳步增长，2018 年我国纺织品服装累计出口额为 2 767.31 亿美元。纺织服装出口产品结构开始由中低端向中高端方向发展，出口产品也由少品种、大批量向小批量、多品种方向发展，这就对外贸从业人员数量和能力提出更高的要求。

本书通过调研大量外贸跟单方向毕业生和企业工作人员，就高等院校纺织服装外贸跟单方向学生在校教育时应了解的纺织服装外贸跟单方向工作应具备的知识内容，应掌握的岗位从业基本技能进行了详细研究。本书以完成一笔外贸订单需要开展的工作为流程，分为 8 个项目，每个项目根据实际工作任务需要分为知识点、工作流程、跟单员主要工作、真实案例分析等几个部分。全书的 8 个项目既独立又前后相连，技能项配有相应的视频讲解，知识点有相应的课件和微课讲解。

本书是一本校企合作教材，项目 6 邀请了大连市经济技术开发区布娃纺织品销售有限公司刘筱慧编写，其拥有 20 多年纺织品出口工作经验，为行业培养了上百位优秀的纺织品跟单人员；服装出口实务及案例部分邀请大连迪尚华盛时装有限公司曲振胜编写，其拥有 20 多年服装出口贸易经验，从企业工作实际需要提出跟单员必备的知识点和技能。另外，本书中所有纺织品服装出口案例均由相关企业提供。

本书由辽宁轻工职业学院乔燕担任主编，由大连市经济技术开发区布娃纺织品销售有限公司刘筱慧、大连迪尚华盛时装有限公司曲振胜担任副主编，由辽宁轻工职业学院薛飞燕、张娟、高世会参与编写。具体编写分工为：乔燕负责全书统稿及资源整合并负责编写项目 1、项目 2、项目 3、项目 7、项目 8，曲振胜编写项目 5 及资源内容，刘筱慧编写项目 6 及资源内容，薛飞燕编写项目 3 的数字资源内容，张娟、高世会编写项目 4。战佳慧、刁群、张雨婷、郭鑫雨、刘家宁同学参与了文字编排工作，在此一并表示感谢。

鉴于编者水平有限，书中难免存在遗漏或不足之处，敬请各位读者及专家批评指正。

编 者

目录

项目1 纺织服装外贸跟单基础知识 \\ 001
- 1.1 外贸跟单员概述 \\ 002
- 1.2 外贸跟单员的基本素质 \\ 005
- 1.3 外贸跟单员跟单的工作流程 \\ 006
- 1.4 出口贸易的一般流程 \\ 006
- 1.5 纺织品跟单员的主要工作 \\ 009

项目2 业务跟单 \\ 011
- 2.1 客户开发 \\ 012
- 2.2 交易磋商 \\ 013
- 2.3 书面合同的签订 \\ 016
- 2.4 纺织品服装贸易往来函电 \\ 020

项目3 加工厂的评估与选择 \\ 029
- 3.1 加工厂的评估 \\ 030
- 3.2 加工厂的选择 \\ 031

项目4 订单审核与分析 \\ 035
- 4.1 信用证审核 \\ 036
- 4.2 订单审核 \\ 039

项目5 样品跟单 \\ 047
- 5.1 样品的重要性 \\ 048
- 5.2 样品的种类 \\ 048
- 5.3 服装测量 \\ 050

项目6 面辅料跟单 \\ 075
- 6.1 面辅料基础知识 \\ 076
- 6.2 面料跟单必须掌握的技能 \\ 081
- 6.3 面辅料跟单流程及跟单员的工作职责 \\ 085

项目7 纺织服装生产跟单 \\ 087
- 7.1 纺织服装生产跟单基础知识 \\ 088
- 7.2 纺织服装生产跟单流程 \\ 089
- 7.3 产品质量检验 \\ 090

项目8 包装与运输跟单 \\ 095
- 8.1 包装的意义与分类 \\ 096
- 8.2 包装的基本材料 \\ 097
- 8.3 包装标志 \\ 100
- 8.4 条形码 \\ 102
- 8.5 出口包装的主要工作内容 \\ 104
- 8.6 出口运输跟单 \\ 105

参考文献 \\ 114

项目 1
纺织服装外贸跟单基础知识

知识目标

1. 掌握外贸跟单的概念、特点和分类。
2. 了解外贸公司跟单与生产企业跟单的异同,掌握外贸跟单员的概念、工作范围和内容。
3. 了解跟单员基本素质与知识结构的要求。
4. 了解外贸跟单岗位与其他外贸岗位的关系。
5. 熟悉出口业务及其跟单的一般流程。

能力目标

1. 掌握出口贸易跟单的工作流程。
2. 掌握纺织服装跟单员的主要工作。

| 纺织服装外贸跟单基础知识 | 纺织品出口流程 | 什么是跟单员 |

1.1 外贸跟单员概述

1.1.1 外贸跟单员的概念

外贸跟单员是指在进出口业务中,在贸易合同签订后,依据相关合同或单证对货物生产加工、装运、保险、报检、报关、结汇等部分或全部环节进行跟踪或操作,协助履行贸易合同的外贸从业人员。"跟单"中的"跟"是指跟进、跟随,跟单中的"单"是指合同项下的订单。外贸跟单中的"单",则是指企业中的涉外合同或信用证项下的订单。

外贸跟单员是协助外贸业务(经理)员开拓国际市场、推销产品、协调生产和完成交货的业务助理。他是连接外贸公司内各部门、外贸公司与生产企业、外贸公司与客户、生产企业与客户之间的桥梁。其与各方沟通得越及时、越准确,就越能保证合同"按时""按质""保量"执行。

1.1.2 外贸跟单员的工作内容

在贸易合同磋商阶段,要备好洽谈所需样品,并提供各种技术及材料说明书及价格表;在贸易合同订立阶段,要对合同内容认真审核,提出异议,达成共识;在贸易合同履行阶段,要选择工厂,进行原辅料采购跟单,生产品质跟单和包装运输跟单;在贸易合同履行后阶段,要跟进销售情况、跟进客户。

1.1.3 外贸跟单员的工作特点

作为外贸跟单员必须谨记"前道工序是后道工序的供货商;后道工序是前道工序的客户",一旦合同签订,买、卖双方即为一体,"一损俱损,一荣俱荣"。问题发现越早,沟通越及时,损失越小。切忌"瞒",对上、对下,无论对方的态度如何,都不能"瞒报"事实。

1. 较强的责任心

外贸跟单员的工作是建立在订单与客户基础上的。订单是企业的生命,若没有订单,则企业就无法生存;客户是企业的"上帝",若失去了客户,则企业就不能持续发展。订单项下的产品质量好坏是决定能否安全收回货款、保持订单能否具有连续性的关键。做好订单实施的进度计划、把握产品质量需要外贸跟单员具有敬业精神和认真负责的态度。

2. 协调与沟通

外贸跟单员对内需要与多个部门(如生产、计划、检验等部门)保持良好的沟通;对外则需要与商检、海关、银行、物流等单位建立有效的沟通协调机制,以处理跟单过程中遇到的问题。外贸跟单员的协调与沟通能力的强弱直接影响工作效率的高低。

3．工作节奏快、变化多

外贸跟单员的工作方式、工作节奏必须适应客户的要求。由于客户来自世界各地，有不同的生活方式和工作习惯，因此外贸跟单员的工作节奏和工作方式必须与客户保持一致，具有高效率和务实性。另外，不同的客户需求也不同，并且这种需求会随着产品不同而不同，这些都需要外贸跟单员具有快速应变能力。

4．工作的综合性、复杂性

外贸跟单员的工作涉及企业所有部门，因此决定了其工作的综合性、复杂性。对外，履行销售人员的工作职责；对内，则负责生产管理协调。外贸跟单员必须熟悉进出口贸易实务和工厂的生产运作流程，还应熟悉和掌握商品知识与生产管理全过程。

5．工作的涉外性和保密性

外贸跟单员在工作过程中，会涉及客户、商品、工艺、技术、价格、厂家等信息资料。对企业来说，这是商业机密，对外必须绝对保密，因此，外贸跟单员必须忠诚于企业，遵守保密原则。

1.1.4 外贸跟单员与其他外贸岗位的关系

外贸从业岗位主要有外销员、跟单员、单证员、报检员和报关员等。这些岗位相互关联，出口贸易业务流程与各岗位的名称及责任如图1-1所示。

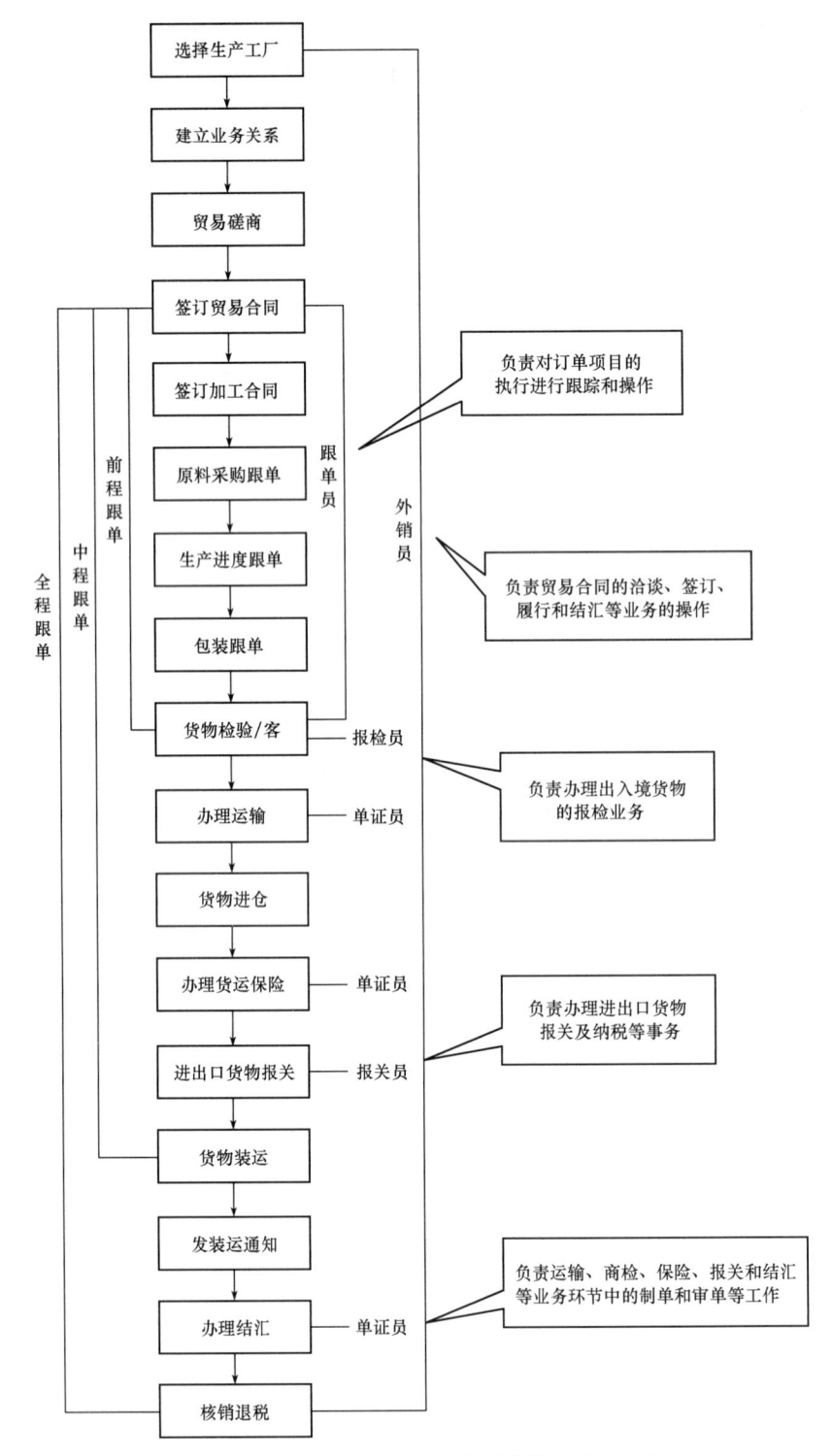

图 1-1 出口贸易业务流程与各岗位的名称及责任

1.2 外贸跟单员的基本素质

由于外贸跟单员工作涉及面非常广泛,因此,外贸跟单员不仅需要有很强的业务技能,而且还需要有良好的职业素质、能力素质和知识素质。

1.2.1 职业素质

职业素质是劳动者对社会职业了解与适应能力的一种综合体现,通常表现为职业兴趣、职业个性和职业道德素养等。

1.2.2 能力素质

能力素质是指外贸跟单员认识、改造客观世界和主观世界的本领,是外贸跟单员能否胜任跟单工作的衡量标准,主要包括以下几种。

(1)分析能力。能分析客户的特点、市场特点以及商品的价格构成,以利于对外报价或审核内部报价。

(2)市场调研与预测能力。能运用市场营销学的基本理论与方法分析市场变化与需求动态;能运用收集的市场信息资料分析、预测行情动态和客户需求状况;能提出高效适用的营销建议。

(3)推销能力。能主动寻找市场机会,把握客户心理;能运用各种方式方法进行企业和产品宣传,注重树立品牌意识,善于与客户建立长期的、良好的、稳定的业务关系,能充分运用各种渠道强力推销产品。

(4)表达能力。善于与客户沟通交流,基本掌握一门外语,能用外文起草贸易合同、信函和单据。

(5)社交公关能力。熟悉社交礼仪,能够较好地处理与客户、上级、同事以及企业外部人员的关系,能灵活运用恰当的交际方法与手段,广交朋友。

(6)管理能力。管理能力是外贸跟单员的核心能力。外贸跟单员必须具备一定的组织、协调、控制、服务和决策能力。另外,只有具备先进的跟单管理理念,外贸跟单员才能提高跟单管理的水平。

1.2.3 知识素质

知识素质是指外贸跟单员做好本职工作所必需的基础知识和专业知识。

1. 基础知识

(1)了解我国对外贸易的方针、政策、法律和法规以及有关国别(地区)贸易政策。

(2)了解管辖商品销往国家或地区的政治、经济、文化、地理及风俗习惯、消费水平。

(3)具备一定的文化基础知识。

（4）具有一定的法律知识。

2．专业知识

（1）懂得商品学的基本理论，熟悉所跟单的产品的性能、品质、规格、标准（生产标准和国外标准）、包装、用途、生产工艺和所有原材料等知识。

（2）了解管辖商品在国际市场上的市场行情以及该项商品主要生产国和进出口国家或地区的贸易差异，及时反馈信息给国内厂商，指导其生产。

（3）熟练掌握国际贸易理论、国际贸易实务、国际金融、市场营销学及国际商务法律法规和有关国际惯例等专业知识；熟悉商检报关、运输、保险等方面的有关业务流程。

1.3　外贸跟单员跟单的工作流程

1.3.1　外贸公司跟单工作流程

外贸公司跟单工作流程包括选择生产企业、签订收购合同、筹备货物、进程跟踪、商检（客检）、订舱装船、制单结汇等。

1.3.2　生产企业跟单工作流程

具备对外进出口经营权的生产企业是我国外贸进出口的主体之一，随着我国加入WTO和外贸法的实施，具有外贸经营权的生产企业越来越多，许多国际买家也热衷于直接从这些生产企业采购商品。"工厂跟单"实质上属于生产型企业的内部跟单。其一般流程包括推销公司产品、签订外销合同、筹备货物、商检（客检）、订舱装船、制单结汇等。

1.4　出口贸易的一般流程

1.4.1　选择供应商或生产企业

在选择供应商或生产企业时，须注重考察生产企业的资信，是否具有生产能力，能否保证质量、保证按期交货，产品是否有对外贸易的竞争力等。

1.4.2　生产企业推销本企业产品出口

在这个过程中，外贸跟单员的主要工作内容有：了解目标市场的需求特点和客户采购偏好；了解并掌握公司产品的主要性能、工艺、质量标准、原材料构成、生产周期等；了解并掌握公司产品的包装材料和包装方法；了解并掌握公司产品的装箱率、集装箱可装数量；掌握公司产品的价格和相关原材料价格；了解近期本币对外币的兑换价格及变化趋势，即汇率及其变化趋势。

1.4.3　建立对外业务关系，确定出口贸易对象

这个过程可以通过信函、电子邮件、传真、电子商务、参加国内外各种交易会和展览会、通过驻外使领馆、商会、企业名录、报纸杂志上的广告等途径搜寻或结识国外客户。

1.4.4　洽谈业务

洽谈业务是指买卖双方就某种商品进行洽谈，内容包括货物价格及价格条件、技术规格、包装、货款的支付方式和时间、运输方式、争议的解决方式和地点、数量、交货时间、保险、货物的检验标准和地点等。洽谈业务可以通过信件、传真、电子邮件等不见面的洽谈方式，也可以采用与客户面对面洽谈的方式。总之，洽谈业务前必须做好充分准备。

1.4.5　签订对外合同

在这个阶段，外贸跟单员通常要辅助外贸业务员做好以下工作：
（1）整理双方达成的事项内容；
（2）将客户的工艺单和要求转换为本单位的制造工艺单；
（3）落实生产企业（车间），并完成确认样；
（4）检查确认样，将符合客户或工艺单要求的样品寄送客户，等待其确认消息；
（5）根据确认意见改进确认样，直至客户确认样品；
（6）做好合同项下订单生产前的一切准备工作。

1.4.6　买方开立信用证

外贸合同中若确定是以信用证方式结算货款的，则卖方（出口方）在签订外贸合同后，应及时将"开证资料"（内容主要有出口方的开户银行名称、地址、SWIFT号码等）通知买方（进口方），买方应严格按照合同的各项约定按时开立信用证，这也是买方履约的前提。

卖方在收到买方开立的信用证后，首先，要根据合同审核信用证，确认信用证中没有不可接受的条款后，开始投料生产；其次，卖方也可以在收到客户支付部分货款（通常是合同金额的20%~30%）订金后，投料生产。

1.4.7　签订内贸收购合同

确定生产企业后，需要对某种货物的生产规格、价格、数量、质量、交货期、付款时间等做出具体的约定，并以书面形式记载，由生产企业（供货方）和收购方的法人或

法人授权代表在合同上签字并加盖公章,以示合同生效。

1.4.8　履行合同

履行合同期间外贸跟单员需要做的主要工作有测算企业实际生产能力、进行原材料采购、生产进度跟踪、产品包装、生产质量检验等。

1.4.9　商检（客检）与报关

当货物生产完成时,对于法定商检的货物,在备妥货物后,外贸跟单员应在报关前向产地商检局预约安排商检,只有取得经商检局签发的检验合格证书(一般是纸质的"出境货物通关单"和通过商检网络传输的"出境货物换证凭条")后,海关才能允许出口,凡检验不合格的货物,经返修后仍不合格,则不得出口。

除了国家商检外,还有客户到生产企业进行检验（简称客检）,即合同约定由买方（客户）检验商品。这种情况要提前联系买方,确定具体的检验日期。一般而言,经"客检"合格的商品,买方会出具"客检证"。不论是国家商检,还是"客检",都是在生产完成并包装入箱后进行。

1.4.10　安排运输与保险

外贸跟单员在安排运输与保险阶段,必须做好以下工作:

（1）物流运输的跟踪。订单完成后,经过检验、报关等环节,将货物按预定的舱位装船起运。由于货物多数是以集装箱形式进行运输,因此外贸跟单员必须了解集装箱尺寸,合理估算集装箱内货物装载量。

（2）报告最终可出口产品数量（包括外箱等包装数量）、体积、质量等数据,配合其他部门（如单证部、储运部）办理租（配）船订舱工作和保险事宜。

（3）若是全程跟单,则须向货运代理或船务代理办理租（配）船订舱,并在运输工具启运前完成保险事宜。在货船离港后,需向货运代理或承运人取得符合要求的运输单据。

1.4.11　制单结汇

在制单结汇阶段,外贸跟单员必须了解交单议付所需单证的种类以及来源;有了单证之后,还需要对其进行整理,为正确及时地制作结汇单证创造条件。

1.4.12　外汇核销与出口退税

按照国家相关外汇管理规定,出口企业在货物出口和收汇后,必须办理出口收汇核销手续;而出口退税是指一个国家或地区对已报送离境的出口货物,由税务机关退还出口企业出口前从生产到流通缴纳的国内税金（如增值税、消费税等）的一项税收制度。

出口退税的单证主要有出口报关单（出口退税专用联）、出口收汇核销单、增值税发票、出口销售发票。各种单证的内容（如商品品名、数量、计量单位等）要一致，不矛盾，并应在规定时间内到税务机关（国税）办理退税手续。

1.5 纺织品跟单员的主要工作

（1）进入工作前需准备的资料。
①颜色原样。
②原手感样。
③客户确认的小样（也就是工厂第一次打的色样）。
④原品质样。
⑤合同复印件（上面有对工厂的质量要求、标准，货物交期、数量等，跟单可参考）。
⑥相关资料。
（2）工厂打颜色小样，纺织品跟单员需做以下工作。
①按客供样（原色样）的颜色，要求工厂放小样。放小样必须有书面要求，也就是须制作打色通知书。打色通知书的内容包括对色光源、色牢度、染化料是否环保、打样版数、打样坯布大小、打样坯布规格、完成时间等。
②打样坯布。打样坯布应与大货一致，杜绝使用其他规格的坯布进行打样，针对大货生产特点，应考虑小样坯布是否进行砂洗或其他相关处理。
③根据打样通知书，正确使用光源（如 D65、TL84、U3000 等），避免跳灯现象的发生，提高打样准确率。
④根据客户或市场部要求，打样通知书须注明小样大小和版数（印花和色织要注明循环问题，色织小样要附纱样，基本上化纤类染色布都是打 A、B、C、D 四个样）。
⑤时间要求。染色烧杯样 3 天，印花样 10 天，色织样 10 天，特殊情况酌情解决处理。
⑥文字说明。小样须贴在规定表格内（公司色样卡），根据打样通知书标明色号、色名、编号、送样日期等。
⑦色样卡管理。色样卡位妥善保管，防止褪色，并且编号放好，以便使用时能随时找到。
（3）中样或大货头缸样（即生产大货前的第一次生产试样）。
提供的中样或大货头缸样（如品质样、手感样、样衣面料等）应同大货一致，在条件许可的情况下，应尽量模仿大货生产工艺，对所使用的染化料、助剂以及工艺流程要有记录，特别是面料门幅，要按大货生产程序进行拉幅定型、预缩，对所提供的中样或大货头缸样一定要留样。
（4）生产大货的流程与注意事项。
①明确要求。明确订单合同的各项要求，特别是内外质量的标准要求和交货期。
②制定生产计划。根据服装交货期要求，制定面料生产计划及分阶段的成品数量，同时，填写《面料组织生产进度表》，每周或每次有新变化须及时改动，然后不定时地以传真、邮件形式向主管部门领导汇报。

③对每道工序进行质量跟踪,具体须注意以下几个方面。

a. 是否在规定灯源下对色。

b. 小样、确认样或大货头缸样是否正确一致。

c. 色差控制,包括边中差、头尾色差、匹差、阴阳面色差、缸差等。

d. 经纬密度、幅宽、色牢度、缩水率、手感、克重、气味等。

(5)大货检验。

①检验标准和方式。按美国 AATCC 国际标准、十分制与四分制检验方法或公司内部检验标准,而且须根据材料的用途进行不同的检验。

②在规定的光源下,以确认样为准,以小样或原色样为标准进行对色,色偏控制在 4~5 级范围内,不得低于 4 级,若超标,则必须返修或投新坯重做。

③外观质量。

a. 布面检验。重点检查污渍、纬斜、左中右色差、头尾色差、手感差、断经、断纬、经痕、油污、色花、粗纱、色污、并经并纬、胶条、胶痕、漏胶、胶粒等。

b. 总体检验。幅宽(须量三次,头中尾)、克重(头尾)、经纬密、长度、色差等。

(6)包装要求。根据不同的面料性质,可采用匹装或卷装,也可采用塑料袋或蛇皮便袋等包装。唛头上一定要注明款号、颜色、数量、缸号、色号、日期、订单号、卷号等。

(7)测试。取 3~5 米样布带回公司进行相关物化性要求测试。

(8)测试合格,方可发货(按公司程序要求发至相关工厂或本公司仓库)。

(9)跟进进度与品质检验很重要。应多到车间走动,向各工序的管理人员了解各款大货在生产过种中遇到的问题,若有必要,则需向客户或部门主管反映,提出建议或征求意见。

课后思考

1. 纺织品"生产企业跟单"和"外贸公司跟单"的跟单工作侧重点有何不同?
2. 纺织品外贸跟单员的工作特点是什么?如何做一个称职的纺织品外贸跟单员?
3. 纺织品外贸跟单员与其他外贸岗位的关系是怎样的?
4. 服装跟单一般可以分为几种?其工作性质和工作流程有什么不同?

参考答案

项目 2
业务跟单

知识目标

1. 掌握利用网络开发客户的主要方法，熟悉外贸函电及电子邮件的写作要求，了解外贸企业参加展会的意义及主要工作内容。

2. 明确交易磋商的内容和程序，熟悉《联合国国际货物销售合同公约》（以下简称《公约》）中对发盘和接受的相关规定。

3. 明确书面合同的意义、形式与内容，掌握书面合同主要条款。

能力目标

1. 能够独立发布产品信息，撰写开发函。

2. 能够利用电子邮件与客户进行交易磋商，撰写询盘、发盘、还盘和接受的往来函电。

3. 能够分辨约首、正文和约尾，掌握合同中应包含的条款。

业务跟单

CIF 贸易术语

2.1　客户开发

从事纺织品出口业务的先决条件即是寻找到有效客户。

在纺织品出口贸易中，通常可以通过以下几种途径进行客户开发。

1．参加国际商品交易会、出访、出国参展

通过参加国际商品交易会、出访、出国参展，买卖双方可以获得面对面的交流机会，以便对彼此进行较深入的了解。这种形式的缺点是成本较高。

最著名的国际商品交易会是诞生于19世纪初的世界博览会。世界博览会分为专业性和综合性两种类型。专业性博览会每两年举行一次，综合性博览会每五年举行一次。

另外，世界上一些其他国家也有自己的国际博览会，比如莱比锡国际博览会、米兰国际博览会、巴黎国际博览会、蒙特利尔国际博览会、东京国际博览会、悉尼国际博览会等。我国在国际上比较有影响的是中国进出口商品交易会，因为举办地点在广州，所以又称为广交会。广交会创办于1957年春季，每年春秋两季在广州举办，迄今已有50年历史，是中国目前历史最长、层次最高、规模最大、商品种类最全、到会客商最多、成交效果最好的综合性国际贸易盛会。

2．利用互联网寻找客户

利用互联网寻找客户方法正被越来越多的公司使用，尤其是新进入国际贸易行业的公司，对互联网的依赖性更强。由于互联网成本低、信息广泛，因此买卖双方都倾向于先在互联网上搜寻潜在的供方或者需方，大致确定一个范围后再做进一步的联系。

3．通过专业性杂志寻找客户

工业品求购信息一般出现在专业性杂志上。专业性杂志可以是英文性杂志和中文性杂志。关注目标客户所在国家的专业性杂志对于寻找客户很有帮助，而且公司也可以在专业性杂志刊登广告来吸引客户的注意。

4．利用行业协会、贸促会、驻外经济商务参赞寻找客户

行业协会、贸促会对国外资讯的了解较多，公司可以查阅行业协会、贸促会网站或者与当地的行业协会、贸促会联系，获得相关资料。参加它们组织的涉外商务会议或组团，以扩大信息渠道。

驻外经济商务参赞处是我国商务部派出的，促进双边经济贸易合作的代表机构。其主要任务是贯彻中国对外经济贸易的方针政策和发展战略，扩大深化双边经贸合作与发展。其具体职能主要包括研究所在国产业政策、市场行情，协助国内企业在外投资、招商、招展、商务考察等各类经贸活动，为中国和所在国双方企业提供经贸咨询和服务等，因此，驻外经济商务参赞处是我国公司了解世界各国经济贸易形势的一个窗口。

2.2 交易磋商

交易磋商,是指买卖双方为达成交易而就各项交易条件进行协商的过程,通常也称为谈判。交易磋商的过程,也是交易双方通过要约和承诺,确立合同关系的过程。在国际贸易中,交易磋商有明确的内容和规范的程序。

2.2.1 交易磋商的形式和内容

1. 交易磋商的形式

交易磋商包括函电磋商和直接洽谈。

(1)函电磋商。函电磋商主要是指通过信件、传真、电子邮件等方式进行的磋商。随着现代通信技术的发展,函电磋商越来越简便易行,且成本费用低廉。目前,国际贸易中的买卖双方通常使用电子邮件进行磋商。

(2)直接洽谈。直接洽谈主要是指在谈判桌上面对面的谈判,如参加各种交易会、洽谈会,以及贸易小组出访、邀请客户来华洽谈等。此外,还包括双方通过国际长途电话进行的洽谈。直接洽谈有利于及时了解交易方的态度,尤其适用于谈判内容复杂、涉及问题较多的交易。

2. 交易磋商的内容

交易磋商的内容包括主要交易条件和一般交易条件。

(1)主要交易条件。主要交易条件包括商品的品名、品质、数量、包装、价格、装运和支付。主要交易条件是国际贸易买卖合同中不可缺少的交易条件,也是进出口交易磋商的必谈内容。

(2)一般交易条件。一般交易条件包括保险、检验检疫、索赔、不可抗力和仲裁等交易条件,涉及合同履行过程中可能发生的问题或争议的解决办法。一般交易条件事先印在格式合同的正面下部或背面,若双方无异议,则不必逐条磋商。

2.2.2 交易磋商的基本流程

交易磋商的基本流程有询盘、发盘、还盘和接受四个环节。其中发盘和接受是交易磋商过程中必不可少的两个基本环节。

1. 询盘(Inquiry)

询盘,又称询价,通常由买方做出,即询问一些有关预订货物的细节问题,如价格、目录、交货日期及其他条款。

询盘可以分为两种,一种只询问价格,索取商品目录或样品,被称为一般询盘;另一种则包含特定商品的各项交易条件,被称为具体询盘。

一般询盘并不一定立即接触具体交易,大多具有摸底性质。其内容包括要求寄某种商品的样品、目录和价目表；探询某种商品的品质、数量、价格、交货期等。

具体询盘实际上就是请求对方报盘，即当买方已准备购买某种商品时，请卖方就这一商品报价。

（1）写信要点。起首自我介绍，说明感兴趣的商品并索取有关资料；要求报价；其他要求；强调产品价格、数量等。

（2）常用句型。

句型1：对某产品感兴趣

① Take an interest in various kinds of Men's Shirts.

② Are interested in the Chinese silk goods.

③ Textiles are of interest to us.

句型2：要求寄送有关资料

① Shall be glad if you will send us your samples.

② Shall appreciate it if you will send us your samples and brochure.

③ Will be appreciate if you could send us your latest catalogues and samples.

句型3：要求报价

① Shall appreciate it if you could make us the best offer for your Children's Bicycle on CIF New York basis.

② We will be pleased if you could quote us a price for Printed Shirting on the basis of CIF New York.

③ Make us your lowest quotation for 500 tons of Walnut.

句型4：其他要求

① Have to point out that we intent to place a large order with you if your price is competitive.

② Have to draw your attention to the point that we will place a large order if your price is acceptable.

③ If your prices are in line, we trust important business can materialize.

2．发盘（Offer）

在国际贸易实务中，发盘也称报盘、发价、报价。法律上称为"要约"。发盘可以是应对方询盘的要求发出，也可以是在没有询盘的情况下，直接向对方发出。发盘一般是由卖方发出，但也可以由买方发出，业务称其为"递盘"。

（1）写信要点。感谢对方的来函；发盘（商品、数量、价格、支付条款、装运、有效期）；盼早答复。

（2）常用句型。

句型1：感谢对方的来函

① We're received your letter of May 2nd, and as requested, we are offering you the following, subject to our final confirmation.

② Thank you for your inquiry of May 10th for 500 tons of Groundnut.

③ Reply to your inquiry for 500 tons of Walnuts, we offer you as follows.

句型2：报价

① Offer you of Walnuts at ＄1000 per ton CIF EMP.

② Offer, subject to your reply reaching here on or before May 5th, 500 sets Forever Brand Bicycles at USD 35 per set CIF New York for shipment in July.

句型3：支付条款

① Is to be made by irrevocable L/C at sight to be opened in our favor.

② Require payment by irrevocable L/C payable by draft at sight to be opened 30 days before the time of shipment.

③ Terms of payment are by confirmed, irrevocable letter of credit payable at sight against presentation of a full set of shipping documents.

句型4：装运

① Is to be made/effected in/during May.

② Will deliver the goods within 30 days after receipt of your L/C but specific time is to fixed upon receipt of your official order.

③ Goods will be shipped within 3 months upon receipt of your relative L/C.

句型5：发盘有效期

① Offer is valid for 3 days.

② Offer is subject to our final confirmation.

③ Offer is subject to the reply reaching here before 23rd of May.

3. 还盘（Counter-offer）

受盘人由于不同意发盘中的交易条件而提出修改或变更的意见，称为还盘。还盘在法律上叫作反要约。还盘实际上是受盘人给发盘人发出的一个新盘。原发盘人成为新盘的受盘人。另外，还盘又是受盘人对发盘的拒绝，发盘因对方还盘而失效，原发盘人不再受其约束。还盘可以在双方之间反复进行，内容通常仅陈述需变更或增添的条件，对双方同意的交易条件则无须重复。

（1）写信要点。发盘信函收悉；抱怨价格太高；还盘建议；结束。

（2）常用句型。

句型1：对价格抱怨太高

① Regret to inform you that your price rather on the high side though we appreciate the good quality of your product.

② Regret very much that your price is out of line with the prevailing market.

③ We are desirous of doing business with you, we regret to say that your price is unacceptable to us.

句型2：与其他供应商对比

① Makes have been sold here at a level about 10% lower than yours.

② Comparing with the other suppliers' prices, your price is almost 10% higher than theirs.

③ Price compares much higher than we can get from elsewhere.

句型3：还盘建议

① Set up trade, we counter-offer as follows: 500 tons of Walnuts at USD 900/ton CIF EMP.

② The market of walnuts is declining, there is no possibility of business unless you can reduce your price by 5%.

4．接受（Conclusion of Business）

接受是人表达认同的行为。在国际贸易中，接受是指受盘人在发盘的有效期内，无条件地同意发盘中提出的各项交易条件并愿意按这些条件和对方达成交易的一种表示。接受在法律上称为"承诺"，接受送达发盘人后，合同即告成立。双方均应履行合同所规定的义务并拥有相应的权利。

（1）写信要点。发盘/还盘信函收悉；发盘/还盘条件可接受；寄送订单/合同；其他要求。

（2）常用句型。

句型1：寄送订单/合同，签退一份存档。

① Please find our No. 04-134 in duplicate, one of which please sign and return for our files.

② Are handling you our Sales Confirmation No. 123 with the request that you will sign and return to us the duplicate as soon as possible.

句型2：其他要求（质量、装运等）。

① We are in urgent need of the goods, you are requested to effect shipment during May as promised in your offer.

② Note that the goods are required to reach us regularly from May.

③ Have the goods carefully examined, we rely on your special attention on us.

2.3　书面合同的签订

买卖双方经过磋商，一方的发盘被另一方有效接受，交易即告达成，合同即告成立，但在实际业务中，买卖双方达成协议后，通常还要制作书面合同，将各自权利与义务用书面方式加以明确。这就是书面合同的签订过程。

2.3.1　书面合同的意义

书面合同的意义有以下几个方面：

（1）书面合同是合同成立的证据。根据法律的要求，凡是合同必须能得到证明，须提供证据（包括人证和物证）。口头合同成立后，若不用一定的书面形式加以确定，则会由于不能被证明而不能得到法律保障，甚至在法律上会视为无效。

（2）书面合同是合同生效的条件。在一般情况下，合同的成立是以接受的生效为条件的，但在有些情况下，签订书面合同却成为合同生效的条件。《中华人民共和国合同法》第十条规定："法律、行政法规规定采用书面形式的，应当采用书面形式。当事人约定采用书面形式的，应当采用书面形式。"

（3）书面合同是合同履行的依据。由于国际货物买卖合同的履行会涉及很多部门，因此若以分散的函电为依据，则将给合同的履行造成很多不便，所以，买卖双方不论是通过口头、电传还是邮件磋商，在达成交易后都应将谈定的交易条件全面、清楚、详细地列在一个书面文件上。这对进一步明确双方的权利和义务以及合同的履行都具有重要意义。

2.3.2 书面合同的形式

根据国际贸易习惯，如果交易双方是通过口头或函电进行磋商，那么就主要交易条件达成协议后，就要签订合同或成交确认书，以书面形式把双方的权利和义务固定下来，作为约束双方的法律文件。

1．合同（Contract）

合同或称为正式合同，一般适用于大宗商品或成交金额大的交易。合同中对双方的权利和义务以及发生争议后如何处理等均须有详细的规定。除了包括交易的主要条件如品名、规格、数量、包装、价格、装运、支付外，合同中还包括保险、商检、异议索赔、仲裁和不可抗力等条款。这种合同可分为销售合同（Sales Contract）和购货合同（Purchase Contract）两种。

2．成交确认书（Confirmation）

成交确认书是合同的简化形式，只包括主要交易条件。一般适用于成交金额不大、批数较多的轻工产品或土特产品，或者已订有代理、包销等长期协议的交易。成交确认书也可分为售货确认书（Sales Confirmation）和购货确认书（Purchase Confirmation）两种。

以上两种形式的书面合同，虽在格式、条款项目和内容的简繁上有所不同，但在法律上具有同等的效力，对买卖双方均有约束力。在外贸业务中，合同或成交确认书通常一式两份，由双方合法代表分别签字后各执一份，作为合同订立的证据和合同履行的依据。

2.3.3 书面合同的内容

书面合同一般包括约首、本文和约尾三个部分。

1．约首

约首是合同的首部，包括合同的名称、合同号码（订约日期、订约地点与买卖双方的名称和地址、序言等内容）。序言主要是写明双方订立合同的意义和执行合同的保证，对双方都有约束力等。双方的名称应用全称，不能用简称，地址要详细列明，因涉及法律管辖权问题，所以不能随便填写。在我国出口业务中，除在国外签订的合同外，一般都是以我国出口公司所在地为签约地址。

2．本文

本文是合同的主体部分，规定了双方的权利和义务，包括合同的各项交易条款，如商品名称、品质、规格、数量、包装、单价和总值、交货期限、支付条款、保险、检验、索赔、不可抗力和仲裁条款等，以及根据不同商品和不同的交易情况加列的其他条款，如保值条款、溢短装条款和合同适用的法律等。

3．约尾

约尾是合同的尾部，包括合同文字的效力、份数、订约的时间和地点及生效的时间、附件的效力及双方签字等，也是合同不可缺少的重要组成部分。合同的订约地点往往涉及合同准据法的问题，因此要慎重对待。我国出口合同的订约地点一般都写在我国。有的合同将订约的时间和地点在约首订明。

2.3.4　书面合同的签订

1．合同起草

在国际贸易中，买卖双方达成交易后，交易一方即要根据磋商情况起草书面合同或确认书。合同起草应注意以下事项：

（1）合同条款要完整、准确和严谨。合同条款一定要完整，防止错列和漏列主要事项；合同中的文字一定要准确严谨，切忌模棱两可或含糊不清，如"大约""可能"等词句不要使用。

（2）合同条款要前后一致。如单价与总价的货币名称要一致；价格条件的口岸与目的港要一致，价格条款与保险条款要一致；合同多次出现的货名要一致等。

（3）合同内容要符合法律规范。合同必须符合我国的法律规范，否则将视为无效合同，得不到法律的承认和保护；合同必须遵守有关的国际公约和惯例，如《联合国国际货物销售合同公约》《2010年国际贸易术语解释通则》《跟单信用证统一惯例》和《托收统一规则》等。

2．合同会签

合同做好后，应及时寄给对方让其签署。寄合同时，一般要附上一封简短的签约函。签约函通常包括以下内容：

（1）对成交表示高兴，希望合同顺利进行；

（2）告知对方合同已寄出，希望其予以会签；

（3）催促对方尽早开立信用证。

3．空白合同样例

外贸销售合同
Contract

编号 No：　　　　　　　　　　　　日期 Date：

签约地点 Signed at：

卖方 Sellers：

地址 Address：　　　　　　　　　　邮政编码 Postal Code：

电话 Tel：　　　　　　　　　　　　传真 Fax：

买方 Buyers：

地址 Address：　　　　　　　　　　邮政编码 Postal Code：

电话 Tel：　　　　　　　　　　　　传真 Fax：

买卖双方同意按下列条款由卖方出售，买方购进下列货物：
Sellers agrees to sell and the buyer agrees to buy the undermentioned goods on the terms and conditions stated below：

货号 Article No	品名及规格 Description& Specification	数量 Quantity	单价 Unit Price	总值 Amount

数量及总值均有_____%的增减，由卖方决定。
_____% more or less both in amount and quantity allowed at the sellers option.
生产国和制造厂家 Country of Origin and Manufacturer：
包装 Packing：
唛头 Shipping Marks：
装运期限 Time of Shipment：
装运口岸 Port of Loading：
目的口岸 Port of Destination：
保险：由卖方按发票全额110%投保至_____为止的_____险。
Insurance：To be effected by buyers for 110% of full invoice value covering _____up to _____only.
付款条件：
买方须于____年____月____日将保兑的，不可撤销的，可转让可分割的即期信用证开到卖方。信用证议付有效期延至上列装运期后15天在中国到期，该信用证中必须注明不允许分运及转运。

Term of payment：
Confirmed，irrevocable，transferable and divisible L/C to be available by sight draft to reach the sellers before ____/____/____ and to remain valid for negotiation in China until 15 days after the aforesaid time of shipment. The L/C must specify that transshipment and partial shipments are not allowed.

单据 Documents：
装运条件 Terms of Shipment：
品质与数量、质量的异义与索赔 Quality/Quantity Discrepancy and Claim：
不可抗力：
由于水灾、火灾、地震、干旱、战争或协议一方无法预见、控制、避免和克服的其他事件导致不能或暂时不能全部或部分履行本协议，该方不负责任，但是，受不可抗力事件影响的一方须尽快将发生的事件通知另一方，并在不可抗力事件发生15天内将有关机构出具的不可抗力事件的证明寄交对方。

Force Majeure：

Party shall not be held responsible for failure or delay to perform all or any part of this agreement due to flood，fire，earthquake，draught，war or any other events which could not be predicted，controlled，avoided or overcome by the relative party. However，the party affected by the event of Force Majeure shall inform the other party of its

In writing as soon as possible and thereafter send a certificate of the event issued by the relevant authorities to the other party within 15 days after its occurrence.

仲裁：

在履行协议过程中，如产生争议，双方应友好协商解决。若通过友好协商未能达成协议，则提交中国国际贸易促进委员会对外贸易仲裁委员会，根据该会仲裁程序暂行规定进行仲裁。该委员会的决定为终局决定，对双方均有约束力。除另有规定外，仲裁费用由败诉一方负担。

Arbitration：

Disputes arising from the execution of this agreement shall be settled through friendly consultations. In case no settlement can be reached，the case in dispute shall then be submitted to the Foreign Trad Arbitration Commission of the China Council for the of International Trade for Arbitration in accordance with its Provisional Rules of. The decision made by this commission shall be regarded as final and binding upon both parties. Arbitration fees shall be borne by the losing party，unless otherwise awarded.

备注 Remark：

卖方 Sellers：　　　　　　　　　　　买方 Buyers：
签字 Signature：　　　　　　　　　　签字 Signature：

2.4　纺织品服装贸易往来函电

2.4.1　纺织品出口往来函电

1．我方询盘内容

Sirs：

We know your company from the internet that your are for the textile of Plain wovon fabrics of cotton.

Our company has been in this line for many years，our products have good quality and favorable price. It will be appreciated if you connect us.

We look forward to your reply news!

×××textile Import and Export Company

敬启者：

  我方从网络获悉贵公司求购漂白全棉平纹府绸及细平布。本公司经营该产品多年，质量优质，价格合理。如贵方与我方联系，将不胜感激。

  期待您的回函！

×××纺织品进出口贸易公司

2．对方询盘内容

Dear Sirs：

  We have learned that you are one of the reprehensive exporters of cloth in your country. We are now writing to you in hope of entering into mutually beneficial business relations with you.

  We have been importers of Bleaching cotton poplin tabby cloth and fine flat cloth for many years. At present, there is a strong demand in the market here; it will be appreciated if you will furnish us with a full range of samples together with a detailed price list so as to acquaint our customers with your products.

  If you need more information concerning our financial standing and commercial integrity, please refer to Central Bank of Saudi.

  Wait for you!

Yours faithfully

敬启者：

  我方获知你方为你国主要的出口商。我方去电希望与贵公司建立互利的业务关系。

  本公司进口漂白全棉平纹府绸及细平布多年。目前，本国市场对该产品需求量大，我方期待你方提供我方该产品的样品系列和报价，以便我方客户了解你方产品。关于我方的财务状况和商业信誉，请贵方咨询沙特中央银行。期待您的回复！

真诚合作者

3．我方报盘去电内容

Dear Sirs：

  We are in receipt of your last letter and appreciate very much your interest in our products.

  In order to start a concrete transaction, we are making you an offer as follows, subject to your reply here by tomorrow. We have investigated your company from your bank and know that your finance and credit are good. You can learn the information of our firm from China bank. Since this is our first business we would like to adopt L/C for payment.

  Commodity：Plain wovon fabrics of cotton

  Quantity：1 000 kg

  Specifications：50*50 40D/170*72

  Colors：various colors, mainly is white and green which are the popular colors in your country

  Payment：by 100% irrevocable L/C payable against sight draft

  Price：USD7/kg FOB Tianjin

  We trust the above will be acceptable to you and await your order with keen interest.

Yours faithfully

敬启者：

很高兴收到你方上次来信并得知你方对我方产品感兴趣。

为了和你方达成具体交易，我方报盘如下：报盘有效期以你方明日回复到达我方为准。我方已经从银行调查获悉你方财政和信用良好，你方可从中国银行获悉我方信息。鉴于这是我们第一次交易，我方希望你方采用信用证的支付方式。

商品：漂白全棉平纹府绸及细平布

数量：1 000 公斤

规格：50*50 40D/170*72

颜色：多种颜色，主要以你国流行的白绿为主

支付方式：100% 不可撤销的即期信用证

价格：7 美元/公斤 离岸价 天津

我方相信你方会对上诉报盘满意并殷切期待你方订单。

真诚合作者

4．对方还盘来函内容

Dear Sirs：

　　We are glad to receive your offer however we felt regretful to inform you that we find the price is too high. We would like you to give us a quotation of CIF RIYADH，and please give us a discount.

　　Await your reply with keen interest.

Yours faithfully

敬启者：

　　很高兴收到你方报盘，然而我方很遗憾通知贵方你方价格太高了。我方希望贵方报给我方 CIF RIYAND 报价，请给予我方一定折扣。期待您的回函！

真诚合作者

5．我方降价去电内容

Dear Sirs：

　　We learn from your last letter that you think that the price is too high. From the view of long-term business relationship we offer the price of USD6.5 CIF RIYADH.

　　Looking forward for your earliest reply!

Yours faithfully

敬启者：

　　我方从你方上次来函获知贵方认为我方价格太高。为了双方长期的业务联系，我方特提供 6.5 美元 CIF RIYADH 报价。静候佳音！

真诚合作者

6．对方接受来函内容

Dear Sirs：

　　Thank you for your letter of giving us a low quotation. We find it acceptable and we will establish the L/C according to the contract.

Waiting for your contract!

Yours faithfully

敬启者：

感谢你方给予的低报价。我方认为价格合理可接受，并将按合同开立信用证。等待贵方合同！

真诚合作者

2.4.2 服装企业进出口往来邮件

1. 背景

大连迪尚华盛时装有限公司外贸业务员与德国某服装公司就图 2-1 所示开发款，即款式号为 Pr.1429.809.52.4976 的往来邮件。一般情况下，同一内容来往邮件都在同一邮件里连续。下面的往来邮件就是根据该款式服装开发的真实往来邮件，后面项目的服装跟单也以此案例展开。

图 2-1　开发款

2. 往来邮件

发件人：Zhu，Jason

发送时间：2017 年 8 月 24 日 10：02

收件人：Jessie Hao；James Qu

主题 FW：Pr.1429.809.52.4976

Jessie，please find enclose the WS for style 29.809.52.4976.

（附件是新加的款式，也就是你们帮我们从淘宝买的发展样。请见附件制单和当时样衣的款式图。）

　　Tomorrow I will send the orig.sample with fabric cut from the fake fur and fake leather. Please be so kind and search similar quality from the boild wool like the original sample and also look if you can find a better fake fur like the orig. sample.

　　明天我会把要用到的假毛和假皮的品质样寄过来给你们参考。请找一样的或者与样品接近的。

　　主面料按照这个发展样的品质找类似的，注意选价格性价比高点的。羊毛含量低没有关系。

　　你马上可以先准备纸样及其他辅料。

　　Please ask me if you have any question about the style. Many Many Thanks：

　　Jason

发件人：Zhu，Jason
发送时间：2017年8月29日9：50
收件人：Jessie Hao；James Qu
Jessie
　　Attached please find our costing sheet for style 29.809.52.4976. Kindly complete remaining costs and return back to us at the earliest.
　　Thank you and regards，
　　Jason

发件人：Zhu，Jason
发送时间：2017年9月29日10：19
收件人：Jessie Hao；James Qu
Jessie，James
　　Pls. find the a.m. proto ws attached and feel free to contact me if any questions.
　　面辅料都可以安排下去了。
　　shell fabric col. 9116 is ok as on proto sample。
　　也就是说头版面料4F14097品质确认。
　　9116色就是确认头版的面料颜色。黑色9999推销样可以直接做下去。
　　假毛品质效果头版是不对的。要按照我给你的那个原样做推销样。
　　Thanks & Best regards
　　Jason

发件人：Zhu，Jason
发送时间：2017年9月30日10：53
收件人：Jessie Hao；James Qu
Hi Jessie

以下色卡今天寄出 SF 420 189 381 344。

1556/4339 暂时没有，我用 4340 给你们参考 /9116 暂时没有，我用 9115 给你们参考 /8405。

Thanks & Best regards,
Jason

发件人：Zhu, Jason
发送时间：2017 年 11 月 10 日 10：35
收件人：Jessie Hao；James Qu
Hi Jessie

Attached please find our SMS costing sheet for style 29.809.52.4976. Kindly complete remaining costs and return back to us at the earliest.

Thank you and regards,
Jason

发件人：Zhu, Jason
发送时间：2018 年 2 月 5 日 10：38
收件人：Jessie Hao；James Qu；Cindy Cong
主题 FW：29.810.52.4976 SMS WS
Jessie，Cindy，
Pls. find the a.m. sms ws attached and feel free to contact me if any questions.
Jason

发件人：Zhu, Jason
发送时间：2018 年 3 月 8 日 9：39
收件人：Jessie Hao；Cindy Cong
主题 FW：29.810.52.4976 SMS WS

Cindy,
29.810.52.4976：

Interlining test reports are ok thanks!

We've found the KD9441 interlining as mock up for fake leather panels very good matching thanks for your suggestions!

Do you already have an code for the KD9441 interlining? I've added a dummy in BOM pls. see attached.

这个粘衬以前哪里用过吗？

Pls. use the KD9441 interlining for size set fake leather panels and pls. Kindly send an interlining test report for the KD9441 interlining on fake leather only.

Feel free to contact me if any questions!
Jason

发件人：Zhu, Jason
发送时间：2018 年 5 月 23 日 11：17
收件人：Jessie Hao；James Qu；Cindy Cong
主题 FW：29.810.52.4976 PPS comments
Best regards

Jason Zhu

发件人：Zhao, Jenny
发送时间：2018 年 8 月 1 日 16：46
收件人：Shentu, Susan；Dong, Lily；Chen, Jane；Shen, Cindy
抄送：An, Ann；Zhou, Angela；Wei, Kevin；Jessie Hao；James Qu
主题 final report

Dear all
Article No：29.810.52.4976
Order No：95641380
Actual shipping Qty：764PCS
FGI Date：31.7.2018

最后一份邮件主题 final report，即表示达成协议，进出口商可以签署外销合同（图 2-2）或者销售确认书。外销合同一般由出口商起草，合同双方签字盖章即表示业务跟单阶段工作已完成，进入订单履行阶段。

Sales Contract   Date: 16.03.2018

Vendor name: WEIHAI TEXTILE GROUP IMP&EXP CO. LIMITED
address: SHANGDONG

                   NO.16 SHICHANGDA ROAD
                   CN -26420   WEIHAI

Sales contract no: 010C43K8595642166   PAGE: 0001

season:

principal: s.Oliver Bernd Freier GmbH & Co. KG
                   s.Oliver-Straße 1
                   97228 Rottendorf
                   Germany

style/article	order-no.	color category	customs tariff-no.	currency	unit purchase price	quantity	complete	delivery date
11.808.19.5232	95642166	0200	000000000000	US	9,70	3682	35.715,40	29.05.2018
11.808.19.5232	95642166	4167	000000000000	US	9,70	2503	24.279,10	29.05.2018
11.808.19.5232	95642166	4981	000000000000	US	9,70	465	4.510,50	29.05.2018
11.808.19.5232	95642166	9999	000000000000	US	9,70	556	5.393,20	29.05.2018
			Sum quantity / amount style:			7.206	69.898,20	
			Total quantity / amount:			7.206	69.898,20	

GUARANTEE: The vendor guarantees that the production of the goods to be delivered explicitly
               exclude forced labor or child labor as defined in the agreement of the
               IAO (International Labor Organisation) No. 29, 105, 138 as well as 182.
               For production of above mentioned styles, compliance to the parameters of the
               Restricted Substances according to the delivered QGC - chapter 2.2 and
               fulfillment of the obligations regarding REACH according to the delivered QGC
               - chapter 2.3 and 2.3.1 - is being guaranteed. The same applies in regard to the
               German BedarfsgegenständeVO (Ordinance on customer goods) and the ChemikalienVO
               (Ordinance on the usage of chemicals).

Terms of payment: T/T 30 days after invoice

Tax: If any domestic company, permanent establishment or subcontractor of the vendor issues
               an invoice, the taxation regulations of German VAT law
               (contained in sections 14 paragraphs 4 and 14 c UStG) or any other mandatory applicable
               local VAT regulation of a particular country shall apply

Bank account: CHINA CITIC BANK, WEIHAI BRANCH
                   BANK CODE / Account No.   / 7373011482600002360
                   IBAN:
                   SWIFT: CIBKCNBJ264

Terms of delivery: FOB Qing Dao

special terms: _____

Legal: The provisions set in the Production & Licence Agreement shall apply. The specific
               requirements for the goods to be manufactured shall be given not only in the Product &
               License Agreement, but also on the production worksheet in its latest version. In this respect,
               the most recent worksheet provided electronically by the Principal shall be authoritative.

图 2-2 外销合同

课后思考

1. 寻找国外客户的途径有哪些?
2. 交易磋商一般经过哪几个环节?哪些环节是必须的?
3. 什么是询盘?写此类信函时对语言有什么要求?
4. 什么叫作发盘?发盘一般包括哪些内容?
5. 构成有效接受的条件有哪些?合同包括哪些内容?其中哪些是合同的主要条款?

参考答案

项目 3
加工厂的评估与选择

知识目标

1. 掌握收集供应商信息的方法。
2. 掌握分析和筛选合格的供应商的方法。
3. 能够对供应商的实际生产能力进行测算。

能力目标

1. 能够根据订单要求选择合适的生产企业。
2. 掌握测算生产企业实际生产能力的方法。
3. 签订及审核加工合同。

加工厂的评估与选择

成衣供应商审核评估报告 V08.29（第三方验厂报告）

3.1 加工厂的评估

3.1.1 加工厂评估的含义

加工厂评估,即按照一定的标准对工厂进行审核或评估,也叫作验厂。验厂活动在我国企业中非常普遍。接受客户或第三方机构验厂,对我国生产企业(尤其是纺织和服装等劳动密集型企业)而言,几乎成为必须满足的条件。客户验厂是确认工厂能否按要求完成订单的过程,也是对公司、工厂的一种资信调查的过程。

3.1.2 加工厂评估的内容

加工厂评估的内容一般包括以下几个方面。

1. 社会责任验厂

社会责任验厂,官方称为社会责任审核、社会责任稽核、社会责任工厂评估等,主要包括对人权方面的要求,如禁止使用童工,反对歧视和压迫工人,禁止使用监狱工,工人有结社自由,工资的发放、工作时间等必须满足国际劳工组织和中国劳动法律法规的要求。另外,还有对健康、安全、消防等方面的要求,如保证工人的工作环境不危害身体健康等。此外,这种验厂具体通过客户方标准审核和企业社会责任标准认证两种方式进行。

(1)客户方标准审核。它是指企业在采购产品或下达生产订单之前,对供货方按照其制定的社会责任标准进行审核,主要是对劳工标准的执行情况进行直接审查。一般来说,大中型公司都有自己的行为守则,如沃尔玛、迪士尼、耐克、家乐福、BROWNSHOE、PAYLESSS、HOESOURCE 等欧美国家的服装、制鞋、日用品、零售业等集团公司。这种方式称为第二方认证。

(2)企业社会责任标准认证。它是指企业社会责任体系制定方授权一些中立的第三方机构,对申请通过某种标准的企业是否能达到所规定的标准进行审查的活动。它是采购商要求供货商通过某些国际、地区或行业的"社会责任"标准认证,并以获得的资格证书作为采购或下达订单的依据。这类标准主要包括 SA8000CTI(玩具行业)、EICC(电子行业)、美国的 WRAP(服装鞋帽行业)、欧洲大陆地区的 BSCI(所有行业)、法国的 ICS(零售行业)、英国的 ETI(所有行业)等。

相对而言,第二方认证出现时间较早,覆盖范围和影响面大;而第三方认证的标准和审查则更加全面。这两种认证的内容都是以国际劳工标准为依据的,要求供货商在劳工标准和工人生活条件等方面承担规定的义务。

2. 品质验厂

品质验厂又称质量验厂或生产能力评估,是指以某采购商的品质标准对工厂进行审核,其标准往往不是"通用标准",这一点区别于体系认证。这种验厂相对于社会责任验厂和反恐验厂而言，出现的频率并不高，且审核难度也低于社会责任验厂。

3. 反恐验厂

反恐验厂多为美国客户的要求。它涉及工厂的人员安全、资料安全、货物生产包装与装卸安全等，以防止易燃、易爆、危险物品包装成成品后，直接运输到港口，对社会、公众构成潜在威胁和安全隐患。反恐验厂的主要作用是通过工厂本身的一套安全控制程序来保障出口货物的运输及使用安全。

反恐验厂是从美国"9·11"事件后才出现的，一般有两种，即 C-TPAT 和 GSV。

（1）C-TPAT（Customs-Trade Partnership Against Terrorism，海关—商贸反恐怖联盟），旨在与相关业界合作建立供应链安全管理系统，以确保供应链从起点到终点的运输安全、信息安全及货况的流通，从而阻止恐怖分子的渗入。

（2）GSV（Global Security Verification，全球安全验证），是一套国际领先的商业服务体系，为全球供应链安全策略的开发和实施提供支持，涉及工厂的安保、仓库、包装装货和出货等环节。GSV 体系的使命是与全球的供应商和进口商合作，促进全球安全认证体系的开发，帮助所有成员加强安全保障和风险控制，提升供应链效率并降低成本。

4. 产能评估

跟单员应学会计算分析企业的生产能力，以评估企业生产能否按期保质保量交货。

（1）理想产能计算。假定所有的机器设备完好，每周工作七天，每天工作三班，每班工作八小时，其间没有任何停机时间，这是生产设备最理想的生产能力。

（2）计划产能计算。计划产能计算根据企业每周实际工作天数、排定的班次及每班次员工工作时间来确定。

（3）有效产能计算。有效产能是以计划产能为基础，减去因停机和产品不合格所造成的标准工时损失。产品不合格的损失包括可避免和不可避免的报废品的直接工时。

（4）企业生产能力不足的对策。当发现企业生产能力不足，不能保证订单按时交货时，为了保证交货期，跟单员须要求企业或生产部门采取以下措施：

①延长工作时间，由一班制改为两班制、三班制，或延长员工工作时间；
②增加机器设备台数，延长开机时间；
③增加其他车间生产支持，或将部分生产任务拨给其他车间承担；
④调整生产计划，将部分生产向后推；
⑤部分产品进行外包生产；
⑥增加临时用工；
⑦产能长期不足时，应增加人员和机器设备。

3.2 加工厂的选择

客户确认订单后，跟单员就应根据生产服装的品种和款式要求，先在本企业或客户认可的外协单位中寻找、联系、选择合适的加工厂。如果在本企业或客户认可的外协单位中没有合适的加工厂，那么须再扩大筛选范围，并经过本企业或客户验厂评审合格后，方可作为外协加工厂。

3.2.1 审核订单资料

整理相关订单资料后,必须通过电子邮件或传真及时向加工厂发出有关订单的初步资料,让加工厂初步了解订单的要求,以便加工厂根据自身的实际情况,决定是否接单生产以及制定合理的生产计划。根据订单合同基本内容发出的初步资料主要有以下几个方面:

(1)订单基本资料。为了不使订单在加工厂生产中造成管理混乱,订单基本资料必须预先发给加工厂。该类资料包含款式名称、款号、总数量、交货期、交货方式、付款方式等。

(2)款式资料。款式资料主要包括款式图、面辅料要求、规格尺寸、包装要求等。

(3)尺码与数量分配资料。发出的初步资料里还须包括详细的尺码分配表及数量明细表。因为一般客户在采购服装产品时,多需要加工厂预先垫款采购面料、辅料进行生产,因此服装的尺码、数量与颜色分配资料对加工厂进行面料订购与成本核算非常重要。

3.2.2 分析反馈信息

加工厂收到初步的订单资料后,根据订单生产的要求,综合衡量自身的生产能力、技术水平、资源调配等情况,做出是否接单生产的决定,并给出明确答复,如果有接单生产的意向,那么还需对订单生产要求做更全面、深入的了解,并索取相关详细资料。服装跟单员对加工厂反馈的信息要进行仔细的分析,并解答工厂的咨询。若存有一些无法确认的细节,则必须先进行进一步咨询和了解,确定具体的制作方法与要求,然后再回复加工厂,并在日后的生产制造通知单中进行详细描述,避免工艺制作产生错款或质量问题。

有关订单的加工价、付款方式、订单尺码、颜色与数量、交货期、交货方式等涉及合同条款的初步内容,加工厂也要做进一步咨询,避免日后发生纠纷。跟单员要以电话、邮件、书面等形式详细回复加工厂。对加工厂不同意执行而又不能更改的合同规定,跟单员则必须坚持,并要求加工厂遵照执行,否则只能再寻找新的加工厂。

3.2.3 签订生产合同

加工厂确定接单生产后,需签订生产合同。

1. 编制生产合同

跟单员必须再次审核订单的详细资料,包括客户的订单合同或销售合同,客户要求的交货期,客户提供的设计、生产或制作图,面料、辅料要求等。若对资料有疑问,则必须及时询问,详细了解,确保所有资料准确无误。

2. 审批生产合同

生产合同编制好后,需对合同的所有数据与条款进行全面核对,确保生产合同与订单合同对应的条款相符。主要核对内容如下:

①合同编号。便于双方合同的管理与查询。

② 数量。以客户订购的数量为准。
③ 单价与金额。根据订单的单价、预期利润，审核加工单价，并计算总金额。
④ 付款方式。不同的交易方式有不同的付款方式。
⑤ 交货期。根据订单的交货期确定加工厂的交货期。加工厂的交货期只能比订单的交货期提前，不能推后，一般要比交货期提前一个星期，以确保准时交货。
⑥ 面料、辅料等要求。
⑦ 交货方式。

生产合同核对无误后，再送交跟单主管、生产主管审核，待审核通过后再送交总经理。

3. 签订生产合同

总经理审核生产合同，确定可下单生产后，在合同上签名、确认，加盖公章后送交加工厂。加工厂将对合同进行详细审核，审核无误后，由法人代表签名并加盖公章，自存一份备案；另一份则送回至对方公司。跟单员负责跟踪合同的签订，收到加工厂送回的合同后，正本存档，并复印数份复印件，分别派发至生产部、财务部等部门。与国内加工厂签订生产合同（买卖合同），其样本如图3-1所示。

买卖合同

卖方：冠驰股份有限公司
买方：宏昌国际股份有限公司
合同编号：Order01
签订时间：2010-04-07
签订地点：南京

一、产品名称、品种规格、数量、金额、供货时间

选择	产品编号	品名规格	计量单位	数量	单价(元)	总金额(元)	交(提)货时间及数量
○	02009	女式T恤衫 每箱20件，颜色：黑色，面料成份：全棉	PC	15000	80	1200000	2010年5月10日前工厂交货
		合计	PC	15000		1200000	

[添加] [修改] [删除]

合计人民币(大写)	壹佰贰拾万元整
备注	

二、质量要求技术标准、卖方对质量负责的条件和期限
符合ISO9002质量体系认证，如因品质问题引起的一切损失及索赔由供方承担，质量异议以本合同有效期为限。

三、交(提)货地点、方式
工厂交货。

四、交(提)货地点及运输方式及费用负担
集装箱门到门交货，费用由需方承担。

五、包装标准、包装物的供应与回收和费用负担
纸箱包装符合出口标准，商标由需方无偿提供。

六、验收标准、方法及提出异议期限
需方代表按出口优级品检验内在品质及外包装，同时供方提供商检放行单或商检执证凭单。

七、结算方式及期限
需方凭供方提供的增值税发票在供方工厂交货后七个工作日内付款。如果供方未将有关票证备齐，需方扣除17%税款支付给供方，等有关票证齐全后结清余款。

八、违约责任
违约方支付合同金额的15%违约金。

九、解决合同纠纷的方式
按《中华人民共和国经济合同法》的有关规定解决合同纠纷。

图3-1 生产合同样本

3.2.4　商讨制定订单生产进度

签订生产合同后，为了顺利完成订单，增加跟单工作的计划性，跟单员应与生产部（或加工厂）根据业务性质、订单的数量等商讨制定跟单周期表。一般对常规合同而言，公司各部门所需要的时间有初步的商定，应根据客户要求的交货日期，确定样衣、面料、大货生产等的计划完成日期。

课后思考

1. 评价目标企业的关键点是什么？
2. 如何解读企业财务会计审计报告？
3. 签订加工合同时应把握哪些关键点？

参考答案

项目 4
订单审核与分析

知识目标

1. 熟悉《跟单信用证统一惯例》第 600 号出版物。
2. 熟悉信用证项下单证的流转程序,掌握信用证审核及修改的基本要领。

能力目标

1. 能够读懂信用证的重要条款并进行审核。
2. 以合同为主要依据,提升审核信用证的能力,能够发现信用证条款与合同的不一致,学会撰写信用证修改函。
3. 能够翻译外销合同中的相关条款。

订单审核与分析

4.1 信用证审核

外贸合同中常用的结算方式有信用证、T/T 等，如果合同规定采用信用证支付方式，进口方须在合同规定的时限内向当地银行申请开证。

信用证（Letter of Credit，L/C）是国际贸易中使用最普遍的付款方式。其特点是受益人（通常为出口人）在提供了符合信用证规定的有关单证的前提下，由开证行承担第一付款责任，属于银行信用性质。

4.1.1 信用证种类

（1）根据信用证项下的汇票是否附有货运单据，可分为跟单信用证和光票信用证。
（2）根据开证行所负的责任，可分为不可撤销信用证和可撤销信用证。
（3）根据有无另一银行加以保证兑付，可分为保兑信用证和不保兑信用证。
（4）根据付款时间不同，可分为即期信用证和远期信用证。
（5）根据受益人对信用证的权利可否转让，可分为可转让的信用证和不可转让的信用证。

4.1.2 信用证审单原则

信用证审单应遵循严格一致原则，具体有以下两点。
（1）单证一致。受益人交付的单据与信用证规定一致。
（2）单单一致。单据与单据之间一致。

审核信用证以定立的合同为依据，符合合同规定，并且保证合同中的条款出口方可以办到，办不到就应要求对方改证。一般来说都希望信用证对自己这方有利一点，尽量争取对自己有益的条款。卖方审核信用证应依照买卖双方商定的合同（Sales Contract 或 Sales Confirmation）中的内容和信用证的使用惯例（《跟单信用证统一惯例》第 600 号出版物，以下简称《UCP600》）。

4.1.3 跟单员审证主要工作

1. 催开信用证（催证）

如果是出口方直接出口，国外的信用证开到出口方的名下，那么出口方的开户银行收到信用证后会直接通知出口方，并把正本或复印件（一般是复印件，若无必要，则正本建议留在银行保存）交给出口方。

如果出口方是通过代理出口，信用证开到代理名下，那么跟单员就要及时督促代理去查询，收到信用证后代理将其传真给跟单员。这一点是跟单员要注意的，以保证不耽搁出货的时间。跟单员一旦得知客户已开证，就要把名称、金额告诉出口代理，盯紧进度。一般来说，客户从开证到收到信用证，快则1周，慢则10天。

2. 信用证审核（审证）

（1）出口方银行审核的重点。

①从政策上审核。主要审核来证各项内容是否符合我方的方针政策以及是否有歧视性内容。有则须根据不同情况与开证行进行交涉。

②对开证行的审核。主要对开证行所在国家的政治经济状况，开证行的资信、经营作风等进行审查，对于资信欠佳的银行应酌情采取适当的保全措施。

③对信用证性质与开证行付款责任的审核。在出口业务中，我方不接受带"可撤销"字样的信用证；对于不可撤销的信用证，如附有限制性条款或保留字句，应要求对方修改。

（2）出口方审核信用证的基本内容。

①信用证的性质。信用证的具体性质及相关对应条款应该明确，并且缺一不可。

②信用证的装运期和有效期应该与合同保持一致。信用证的装运期一般和有效期有一定的间隔，通常有效期要求在装运期后15天。有时来证规定装运期和有效期是同一天，称为"双效期"。在这种情况下，如果出口方能够在规定期限到期日前几天装运货物，留有一定的时间制单结汇也可以。另外，规定一般提单送交银行的日期，不得晚于运输单据出单日期21天，否则即使还在信用证的有效期之内，银行也可以拒绝接受。

③信用证的款项在何地支付。信用证的款项可在进口国、第三国或出口国支付，关键要看收回款项是否有保障。信用证议付的地点，通常在我国交货的口岸，如信用证到期地点规定在国外，则不要轻易接受。

④开证行、通知行的名称应该清楚地落在信用证上。开证人应注明法定地址，受益人应使用合法的公司名称。信用证上开证人和受益人的名称和地址应该与合同一致，中国的地址应该使用汉语拼音。

⑤来证的货币金额、单价、价格术语是否正确。信用证金额应该与合同金额一致，单价与总价要填写正确，书写格式要符合要求。采用的货币应该与合同保持一致，单价不能发生变化，贸易术语不能随意改变。

⑥信用证应该有明确的付款时间。如采取受益人开立汇票的方式，应该注明汇票的付款时间。

⑦关于分批装运、转运的规定原则上应该与合同一致，并注意信用证上是否有特殊限制。

⑧装运港和目的港是否与合同一致。一般装运港和目的港应该与合同保持一致，如果来证增加目的港，那么必须在同一航线上，并且需要注明由买方承担选港费，这样方可接受。

⑨在信用证中一般不指明运输航线，以便出口商和代理人本着节省费用的原则，灵活选择航线。

⑩ 逐一核对品名、规格、数量是否符合合同规定，特别要注意有无特别的附加条款。

⑪ 检查信用证中要求的单据是否都可以顺利提供。对于来证中要求的单证的种类和份数及填制方法等，要仔细进行审核，如发现有不正常规定，要慎重对待。

⑫ 关于投保的险别。如果出口是按照CIF、CIP等贸易方式出口，那么要注意信用证上的险别是否与合同上的一致。

⑬ 检查信用证中有无矛盾之处。如明明是空运，却要求提供海运提单；明明价格条款是FOB，保险应由买方办理，而信用证中却要求提供保险单。

⑭ 对特殊条款的审核。审证时，如发现超出合同规定的附加或特殊条款，绝不能轻易接受，而应坚持改证。

3．修改信用证（改证）

出口方在审核信用证后，如发现有不符合买卖合同或有不利于出口方安全收汇的条款，应及时联系进口商通过开证银行对信用证进行修改。修改信用证的要求应尽可能一次性具体明确地提出，以避免或减少往返改证，延误时间。

一封规范的改证函，应包括以下内容：

（1）首先，感谢对方通过银行开来的信用证；

（2）其次，逐条列明证中不符点、不能接受的条款，并说明应如何改正；

（3）再次，感谢对方的合作，提醒信用证修改书应于某日前到达，以便按时装运。

4．信用证修改案例

（1）信用证。

Bank of North Italy

Irrevocable Credit No.4352

Milano, Oct., 27, 1996

Tianjin Comfort Imp.&Exp.Co., Ltd.China

Dear Sirs,

We herely establish an irrevocable letter of credit in your favor for account of Tianjin Comfort Imp.&Exp.Co.Ltd. for an amount of about USD212 500（Say U.S.Dollars Two Hundred and Twelve Thousand Five Hundred Only）available by your draft drawn on us at sight accompanied by the following documents：

① Signed Commercial Invoice in triplicate contact No.96COT491.

② Full set of clean shipped on board ocean bills of lading made out to order and blank endorsed, marked freight prepaid.

③ Inspection certificate of quality and weight in triplicate issued by Jiangxi Commodity Inspection Bureau Certificate of Origin in triplicate.

④ Evidencing shipment of 500 tons of Chinese Red Beans at USD 425per metric ton FOB Tianjin.

⑤ Shipment is to be made on or before Nov.30, 1996 from China to Genoa.

⑥ Partial shipments are prohibited.

⑦ Transshipment is prohibited.

⑧ 5% more or less is allowed both for the total quantity and amount.

⑨ This credit is valid in Italy until the 15th day after shipment.

Yours faithfully
Bank of North Italy

（2）有关合同主要条款。

合同号：96COT491

卖方：天津 ABC 进出口公司

买方：意大利 ABC 贸易公司

商品：500 吨中国红小豆，允许 5% 溢短装

单价：FOB 天津每吨 425 美元

总金额：212 500 美元（允许 5% 上下）

运输：从天津经海运至意大利，装运时间不晚于 1996 年 11 月，不允许分批或转船。

付款：由买方开立 100% 保兑的不可撤销信用证，装运后 15 天内在中国议付有效。

（3）修改信用证。

Dear Sirs,

We have received your L/C No.4352 for Contract No.96COT491.After checking, we would request you to make the following amendments：

① The L/C should be confirmed.

② The L/C should read for account of ABC trading Co，Italy.

③ Freight Prepaid should be Freight Collect.

④ Inspection Certificate should be issued by the Jiangxi Commodity Inspection Bureau.

⑤ The credit is to be valid for negotiation in China instead of in Italy.

Please make the above amendments so that we may make arrangements for shipment.

Yours truly

4.2　订单审核

4.2.1　审单

审单就是审合同。合同作为买卖双方日后履约的重要依据，其重要性不言而喻，因此，外贸跟单员在与客户签约时一定要重点关注并严格审查合同中的重点条款，如货物的名称、品质、规格、数量、价格、交货条件、付款方式、包装要求、保险、商品检验以及违约事项等条款。

1．审查货物品名

由于货物品名是订单中不可缺少的一项主要交易条件，因此在对外贸易中，买卖双方商定合同时必须列明货物名称。对外贸易货物买卖合同中的品名条款并无统一的格式，通常在"货物名称"或"品名"的标题下列明交易双方成交货物的名称即可，也可不加标题，只在合同的开头部分列明交易双方同意买卖某种货物的语句。

货物的品名规定取决于成交货物的品种和特点。就一般货物来说，有时只要列明货物的名称即可，但有的货物，往往具有不同的品种、等级和型号，因此为了保险起见，会把有关具体品种、等级或型号的概括性描述包括进去，作为进一步的限定。此外，有的甚至把货物的品质、规格包括进去，实际上等于把品名条款与品质条款合并在了一起。外贸跟单员在审查货物的品名条款时，应注意以下事项：

（1）内容须明确、具体，同时避免空泛、笼统的规定。例如，机织面料的名称用"材料+名称"的方式表示，机织面料有许多传统的名称，如府绸（Poplin）、真丝斜纹绸（Silk Twill）、纯羊毛华达呢（Pure Wool Gabardine）、电力纺（Habotai）、真丝绉（Silk Crepe）、牛津布（Oxford）、凡立丁（Valentine）、灯芯绒（Corduroy）、驼丝锦（Doeskin）、泡泡纱（Seersucker）、啥味呢（Twill Coating）等。

（2）货物应使用国际上通用的名称。若使用地方性的名称，交易双方应事先就其含义达成共识；某些新货物的定名及其译名应准确、易懂，并符合国际上的习惯称呼。

（3）货物是否选用了合适的品名，以便降低关税、方便进出口和节省运费开支。

2．审查货物的品质规格

货物品质（Quality of Goods）是货物的内在质量和外观形态的综合。内在质量是指货物的化学成分、物理机械性能、生物学特征等内在素质；外观形态则是指货物的造型、结构、色泽、款式等技术指标或要求。买卖双方在商定合同时应该就品质条款做出明确的规定，同时这也是外贸跟单员审单的重要条款。

在纺织品服装外贸中，以实物表示货物的品质时，大多采取凭样品买卖（Sale by Sample）的方式。此时一定要注意是卖方样品、买方样品还是对等样品。如果是凭卖方样品买卖（Sale by Seller's Sample），那么日后卖方所交整批货的品质必须与其提供的样品相同；如果是凭买方样品买卖（Sale by Buyer's Sample），那么卖方必须充分考虑服装面料、辅料以及加工技术等方面是否能够达到买方的要求。对于样品，一般要分为三份，买卖双方各执一份，另外一份则送至合同规定的商检机构或其公正机构保存，以备买卖双方发生争议时作为核对货物品质之用。

随着纺织品服装货物品质的国际化，国际标准化组织（ISO）的标准被越来越多的国家采用。我国许多纺织服装企业为了充分参与国际竞争，也采用国际标准化组织制定的质量管理和质量保证标准、国际环境管理标准，即ISO9000《质量管理和质量保证》系列国际标准和ISO14000《国际环境管理体系》系列国际标准。

3．审查货物的数量

在纺织品服装贸易中，数量条款也是合同中的主要条款。它约定了买卖双方所交易的货物数量。而交易货物数量的多少，直接关系到货物成交总价值的大小，涉及买卖双方的利益，所以，外贸跟单员首先要审查自己企业是否能生产和提供合同中规定的货物数量，其次要审查合同中数量条款的规定是否合理。

4．审查货物的价格

在纺织品服装贸易中，货物的价格不仅直接关系到买卖双方的经济利益，而且与其他各项交易条件密切相关。因此，价格条款也是外贸跟单员重点审查的内容。

首先，外贸跟单员要审查货物价格是否合理。在国际市场上，影响纺织品价格的因素很多，而且千变万化，因此，对纺织品、服装定价时，要充分掌握纺织品市场价格的变化趋势，合理采用各种作价方法，选择有利的计价货币，适当运用佣金和折扣。审单时要分析货物的成交价格是否过高或过低，采用的是固定价格还是非固定价格，有没有价格调整条款，价格中是否包含佣金和折扣，采用的币种、计价单位各是什么等。

其次，要审查价格术语选用是否恰当。在国际贸易中，纺织品的价格往往表现为单价，由计价货币、单位价格金额、计量单位和贸易术语四部分组成，与国内贸易中价格条款的形式和内容有较大的区别。比如，某纺织品进出口公司出口一批面料，合同中的价格条款为 USD3.5 Per Yard FOB DALIAN。其中各项分别代表计价货币（USD）、单位价格金额（3.5）、计量单位（Per Yard）和贸易术语（FOB DALIAN）。不同的价格术语表示的价格构成因素不同，各自承担的责任和费用也有所不同。对此，跟单员一定要仔细审查。

最后，跟单员要了解不同贸易术语之间的换算关系。特别是在对外洽谈的过程中，当一方按一种贸易术语报价时，另一方则要求改报其他术语所表示的价格时，跟单员就须熟悉各种贸易术语价格的构成因素以及各种因素当前的价格水平。

5．审查交货条件

交货期是标志卖方按期履约的一个重要指标，因此，外贸跟单员要审查交货时间和期限是否合理。交货期的审查主要包括以下内容：

（1）卖方能否在规定的时间内完成货物的生产和装运。

（2）装运条款的制定是否明确并且合理。对于交货期的规定方法主要有具体规定装运期限与规定在收到信用证后若干天装运两种。

（3）审查装运港（地）、目的港（地）、分批或转运等内容是否明确。

（4）审查交货方式是否适合商品本身的特性，是否满足快速、经济合理的要求。

6．审查付款方式

跟单员应主要审查客户所提出的付款方式是否能尽可能地保证货款的顺利（安全、及时）收回，以及企业是否可以接受。如果接到企业不能接受的付款方式，那么应尽快与客户联系，并协商确定出企业可以接受的付款方式。在支付条款中要明确规定结算方式，如汇付、托收、信用证还是某几种的结合方式等。对于企业来讲，最有利的付款方式为不可撤销信用证。

7．审查货物的包装要求

在纺织品国际贸易中，除少数由于难以包装或包装意义不大的货物，从而采取裸装（Nude Pack）或散装（In Bulk）的方式外，绝大多数商品都需要有适当的包装。在国际货物买卖中，包装是说明货物的重要组成部分，包装条款是买卖合同中的一项主要条款，因此，跟单员一方面要审查客户的包装要求是否合理，企业能否满足客户的要求，另一方面也要审查合同中包装条款的制定是否合理。

根据在流通过程中所起作用不同，包装可分为运输包装（外包装）和销售包装（内包装）两种类型。前者的主要作用在于保护商品和防止出现货损货差；后者除起保护货物的作用外，还有促销功能。

包装条款一般包括包装材料、包装方式、包装标志和包装费用的负担等内容。

（1）包装材料。在纺织品、服装进出口中，根据不同的商品、不同的运输方式，可选用不同的包装材料。主要包装材料有以下几种：

①纸箱。纸箱主要用于包装服装和纺织复制品，如被单、枕套、装饰品、床罩等。纸箱的大小是有标准的。标准纸箱的底面积的长和宽的大小为 600 mm×400 mm，但具体可根据货物的实际大小，最终确定包装纸箱的型号。如使用标准纸箱不方便，可以使用小号纸箱或大号纸箱。小号纸箱的底面积应是标准纸箱底面积的约数，如长和宽大小为 300 mm×400 mm 等。大号纸箱的底面积应是标准纸箱的倍数，如 600 mm×800 mm 等。这种规定是为了货物运输时可整齐堆码，便于使用集装箱运输。

②机织布。包装用的机织布包括原色布、麻布或漂布，主要用来包装纺织成品布和半成品及原料如纱线、毛条、化纤、羊绒等。因为机织布长度可根据要求定制，且方便印刷，所以应用较广泛。

③塑料布和塑料纸。机织布易吸潮污染，用塑料作衬垫可防水防污。包装用的塑料大多为聚氯乙烯。这种塑料牢度较好且不易燃烧。塑料布和塑料纸用于包覆坯布、机织布、针织布、毛条、纱线和纺织原料。在包覆货物时经常和纸箱、机织布共用。

④编织袋。编织袋采用聚丙烯纤维制成，它的承压承拉的强度高，主要用于包装大件商品。

（2）包装方式。包装方式具体包括以下几种：

①压缩包装。纺织原料、半成品的运输包装一般都采用压缩包装。传统的压缩包装是采用机械加压包装。机械加压包装对纺织原料非常合适，但不适合于成品。由于用机械压缩包装会产生折痕，而真空包装压缩程度较高，包装后无明显折痕，因此成品包装需压缩时常采用真空包装，但真空包装需要的材料价格比较高。

②防水、防霉、防老化包装。

a. 防水包装。防水包装使用塑料和塑料纸或者纸箱密封，部分防水。防水包装可以减少纺品服装生霉、虫蛀的发生和蔓延。

b. 防霉包装。在包装物中放入防霉化学品可以防止货物霉变，有利于纺织品和服装的保存。

c. 防老化包装。人造合成材料制造的纺织原料、服装及纺织复制品在包装后要注意材料不能被日光暴晒，因此合成材料的包装物均须采用避光材料（即防老化包装），以保持货物内部的质量。

③服装的吊装集装箱装运。现在的服装出口，很多都采用吊装集装箱（Hanging Container）装运。即服装套上塑料袋后，用衣架吊挂在吊装集装箱的横杆上，衣架用绳索缠紧。用这种方式装运服装，服装抵达目的地后可以直接投放市场，而用纸箱等其他包装装运服装。到达目的地后，服装必须经过再次的整烫才可投放市场。

（3）包装标志。为了在运输过程中便于识别货物，在货物外包装上同样应刷制规定的包装标志；同时，还应根据货物的性质，在纺织服装货物的外包装上，刷上一些指示性和警告性的标志促使搬运人员及开箱拆包的人员注意，以保障货物和操作人员的安全。例如"小心轻放（Handle with Care）""请勿用钩（Use no Hook）""保持干燥（Keep Dry）"等。除了文字标志外，还常使用简单、醒目、易懂的图样来补充文字标志的不足。除上述包装标志外，在外包装上一般还刷上包件的毛重和净重以及货物的尺码（长×宽×高），如 GROSSWEIGHT 108kg, NET WEIGHT 100 kg, MEASUREMENT 42 cm×

28 cm×17 cm。

（4）包装费用。包装费用一般包括在商品货价内，不另计收，但当买方要求特殊包装时，超出的包装费用由何方负担以及如何支付，应在合同中做出具体规定。

8．审查保险、货物检验以及违约事项

保险、货物检验、违约条款、不可抗力、索赔理赔和仲裁作为纺织品合同中的重要内容，跟单员在审单时也要给予足够的重视。主要审查的内容有：

（1）是否明确规定由哪方办理保险，是否确定保险险别和保险金额，并说明以何种保险条款为依据，以及注明该条款的生效日期。

（2）是否明确了检验权的规定、检验或复验的时间和地点、检验机构、检验的内容和项目、检验证书等。

（3）是否规定了不可抗力的范围及其处理的原则和方法，以及不可抗力发生后通知对方的期限、方法和出具证明的机构等内容。

（4）是否规定了提出索赔的时效和责任的界定。

（5）仲裁条款的内容一般包括仲裁地点、仲裁机构、仲裁规则和裁决效力。规定仲裁地点时，应尽量争取在我国进行仲裁。

4.2.2　服装外销跟单订单分析

1．外销合同

Purchase Order

Supplier： HUAMING TEXTILES /MP&EXP CO，LTD
Order No. C2016-098
8F Century Building， 12# Pudong（s）Rd， Shanghai
Date： 12 APR 2016

Attn. Shiny Lin（Tel：86-21-68097088）
Supplier No. HUA
Delivery No.02
Supplier： CINDY（UK）LTD
18/F，Prince Center，129 Holly Ave，London，UK

Attn. Mike Lee（Tel：44-171-77873233）

We hereby confirm the following goods on terms and conditions as stated bellows；

Item	Production Description	Quantity	Unit Price US$	Amount US$
1	STYLE CODE：CINDY SS16-781　94% COTTON+6% ELASTANE WEIGHT：420 G/M2 REF NO：SS16-781C（Castle rock） SIZE：1 to 5	2000	FOB SHANGHAI 11.8 /PCS	FOB SHANGHAI 23,600
2	REF NO：SS16-781B（Navy Blue）SIZE. 1 to 5	1600	FOB SHANGHAI 12.5 /PCS	FOB SHANGHAI 20,000
3	REF NO：SS16-781R（Chili Pepper） SIZE. 1 to 5	1600	FOB SHANGHAI 12.5 /PCS	FOB SHANGHAI 20,000
	TOTAL	5200	FOB SHANGHAI 63600	

REF No/ Size	Size 1	Size 2	Size 3	Size 4	Size 5	Sub Tota
SS16-781C	200	400	600	600	200	2000
SS16-781B	150	300	500	500	150	1600
SS16-781R	150	300	500	500	150	1600
TOTAL	500	1000	1600	1600	500	5200

Terms of Payment

Acceptable quantity deviation per style/color and size in Purchase Order is +/-3%.

All the pieces above this 3% should be invoiced with 50% discount.

TERMS OF PAYMENT

20% deposit（before 20th April，2016）&balance by T/ against B/L copy

SAMPLES & 3th PARTY INSPECTION

All Samples should be dispatched by UPS，freight prepaid.

The pre-production samples should be made after fabric has been tested and passed by SGS.

Inspection certification should be dispatched together with PP sample.

PACKING

20 pieces of dress are packed in one export standard carton

Packed in strong export carton and suitable for long distance ocean transportation. In case cartons are damaged during transport.

SHIPPING ADVICE

Shipment: By Sea
Destination: Liverpool
TRANSSHIPMENT & PARTIAL SHIPMENTS are not allowed
Date of shipment: no later than 28th AUG. 2016
All goods should be delivered by nominated logistic platform. Otherwise, supplier should ask CINDY to confirm logistic platform

DOCUMENTS REQUIRED

- Full set of clean on board ocean bills of lading
- Packing list/weight memo in 3 copies
- Signed commercial invoice in 3 originals &2 copies
- Certificate of origin in 1 original issued by China Chamber of Commerce

CLAIMS

The claims, if any regarding to the quality of the goods, shall be lodged within 30 days after arrival of the goods at the destination, if any regarding to the quantities of the goods, shall be lodged within 7 days after arrival of the goods at the destination.

The supplier shall not take any responsibility if any claims concerning the shipping goods are up to the responsibility of insurance company/transportation company/post office.

2．订单分析
根据合同内容，翻译并分析合同履行相关信息。
（1）价格及支付方式。

FOB SHANGHAI 63 600 20% deposit（before 20th April, 2016）& balance by T/T against B/L copy
上海离岸价 63 600，2016 年 4 月 20 日前支付 20% 定金，余款在见到提单副本后通过电汇支付。

（2）装运条款。

Shipment: By Sea TRANSSHIPMENT & PARTNAL SHIPMENTS are not allowed Date of shipment: no later than 28th AUG, 2016
海运，禁止转运和分批装运。最迟装船期为 2016 年 8 月 28 日。

（3）数量溢短装。

REF NO：SS16-781C（Castle rock）2 000
REF NO：SS16-781B（Navy Blue）1 600
REF NO：SS16-781R（Chili Pepper）1 600
Acceptable quantity deviation per style/color and size in Purchase Order is ±3%
All the pieces above this 3% should be invoiced with 50% discount

允许正负 3% 的溢短装，超出部分打对折。

（4）需求单据。

Full set of clean on board ocean bills of lading
Packing list weight memo in 3 copies
Signed commercial invoice in 3 originals 2 copies
Certificate of origin in 1 original issued by China Chamber of Commerce

全套清洁海运提单，3 份包含总质量的装箱单，3 正 2 副商业发票，中国国际贸易商会出具的原产地证正本 1 份。

（5）索赔条款。

The supplier shall not take any responsibility if any claims concerning the shipping goods are up to the responsibility of insurance company/transportation company/post office

供应商无须对保险公司、货运公司或者邮局造成的损失承担责任。

课后思考

1. 纺织服装贸易的磋商过程中，通常会经过哪些环节？
2. 从网上或通过其他途径找到一份外销合同，并对其进行分析。

参考答案

项目 5
样品跟单

知识目标

1. 了解样品的概念。
2. 了解样品跟单的基本程序与操作方法。

能力目标

1. 掌握样品的种类、样品费用承担、样品运费计算以及样品的寄送和查询。
2. 能够准确计算样品成本。
3. 熟悉样品运费的计算方法。

样品跟单

5.1　样品的重要性

　　样品对于进出口企业非常重要，许多外贸公司和生产企业都愿花费较大的人力、物力筹集、准备样品，因此，跟单员在进行样品准备时，一定要高度重视样品，不能因为样品中存在的"瑕疵"而丢掉订单，失去客户。

　　样品能否获得客户的认可是外贸企业能否获得订单的主要因素，其重要性具体体现在以下几方面：

　　（1）样品是一个企业的形象代表。样品直接反映一个企业的经营推广能力、生产制造能力、售后服务能力。

　　（2）样品是产品品质的代表。一个样品能体现企业经营的产品是高档还是低档。

　　（3）样品是产品价格的代表。很多时候同样的产品在不同的工厂生产，价格会有较大差别，所以只有看到样品，才能确定产品的定价。

　　（4）样品是生产的代表。订单都是根据确认的样品来生产的，确认样品的难度、工艺要求、结构直接关系到生产的难度、时间、进程。

　　（5）样品是验货和索赔的依据。验货是根据确认样来验的，索赔也是根据确认样来进行的。

5.2　样品的种类

1．头样（Initial Sample）

　　头样是指第一次生产的样品，没有任何尺寸方面的信息，只有设计师的手稿或者参考样衣的照片，一切以版师对服装的了解来操作。

2．二次头样（Second Proto Sample）

　　二次头样是指根据客户对头样提出要求后的改正样。该阶段，整个衣服的版型以及工艺已基本达到客户的要求。

3．封样样（Seal Sample）

　　封样样是指根据客户要求最后修改的确定样，这个样品可以初步上柜做试销。

4．跳码样（Size Set Sample）

　　跳码样，也可以称为试身样，它是根据客户提供的齐码尺寸表放码后所做的齐码或者选码样，主要用来验证各部位尺寸的准确性以及模特试身的效果。

5．产前样（Pre-production Sample）

　　产前样是根据客户给出的跳码样的意见，做出的最终的修改样，一般会选择尺码中的中间号制作三到四件样衣（客户以及工厂各留一件，跟单员留一件作为查货依据），客户任选一件写上批版评语后做大货生产样。大货所有衣服的标准都以此样衣为参考。

6. 款式样（Pattern Sample）

款式样主要用于给客户看产品的款式和工艺水平。一般情况下，用同类布料（即可用代替面料和辅料）打样，主要用于设计师看款式效果及计算生产用料，但当有配色时，一定要搭配合适，尺寸做工须完全按照客供工艺指示办理。

7. 广告样（Advertisement Sample）

广告样是在订单确定后，客户用来扩大宣传、增加销售量的样品，一般要求齐色齐码，外观效果要好，能起到宣传作用，因此，广告样必须提前安排制作完成。

8. 齐色齐码样（Size/Colour Set Sample）

齐色齐码样是客户要求出口商按照其工艺要求提供所有颜色和尺寸的样品。

9. 水洗样（Washed Sample）

水洗样是产品进行水洗生产工序后的样品，目的是检查成衣经过水洗后，成衣尺寸是否变化，成衣的形态如何。若发现水洗后对成衣影响较大时，须查找原因，提出解决办法，如提前做好面料的预缩来控制缩水率等。

10. 船样（Production Sample/Shipping Sample）

船样是代表出口货物品质水平的样品，也称为"船头版"或"大货版"。如果大货是以海运方式运输出口，那么船样应以空运方式直接寄给客户。在计算出口数量时，一般要将船样的数量一并计算在内。由于船样是先于大货到达客户手中，因此有时它是客户检验大货品质签发"检验报告"的依据。

11. 色样（Lab Dip）

色样是出口商（生产商）按客户的原"色卡"要求，对面料和辅料进行染色后的样品。出口商（生产商）制作的同一种颜色色样至少要有 A、B、C 三种，以便客户确认最接近的颜色（即确认 A、B、C 三种色样中的某一种），同时，出口商（生产商）不仅要保留客户的原"色卡"，而且也要保留客户确认的"色卡"。由于光线会影响人的眼睛对颜色的辨认，因此颜色的核对必须在统一的光源下进行，通常需要在自然光或专用灯箱光源下进行颜色的辨认。

12. 绣（印）花样（Embroidery/Printed Sample）

绣（印）花样是对面料、成衣等进行绣（印）花图案后的样品，往往需要用正确颜色的布、线进行模仿打样，以示生产商有能力按客户的要求进行生产。在模仿打样时，首先要制版和染色，然后再生产制作。特别是绣花，绣花线一定要用正确颜色，如确有难度，可以与客户沟通另行安排。绣（印）花资料必须保证准确，如颜色搭配、花型等，若有不明确的地方，则要及时与客户沟通，争取缩短确认周期。由于绣（印）花涉及工序多，不确定因素多，因此通过打确认样，不仅可以展示生产实力，而且还可以测算生产周期和比较准确地计算大货生产时间，从而确定交货时间。

13. 辅料样（Accessory Material Sample）

辅料样也是货物的重要组成部分，一般通过外购或代工生产获得。由于大多数辅料需要外购或代工，因此通过采购或代工，工作人员能够发现辅料生产或采购过程中的不确定因素，掌握辅料的实际成本和生产时间。

5.3　服装测量

样衣的测量是服装跟单员的必备技能，测量的准确与否直接决定成品的质量。本节选择出口典型款式来介绍测量标准要求。

服装制版主要部位代号见表 5-1。

表 5-1　服装制版主要部位代号

序号	中文	英文	代号
1	领围	Neck Girth	N
2	胸围	Bust Girth	B
3	腰围	Waist Girth	W
4	臀围	Hip Girth	H
5	领围线	Neck Line	NL
6	胸围线	Bust Line	BL
7	腰围线	Waist Line	WL
8	中臀围线	Middle Hip Line	MHL
9	臀围线	Hip Line	HL
10	肘围线	Elbow Line	EL
11	膝围线	Knee Line	KL
12	胸高点	Bust Point	BP
13	颈侧点	Side Neck Point	SNP
14	前颈点	Front Neck Point	FNP
15	后颈点	Back Neck Point	BNP
16	肩端点	Shoulder Point	SP
17	袖窿	Arm Hole	AH
18	长度	Length	L

服装测量的要求有：

（1）所有测量均应平放在平硬的桌子上。

①衣服平放在桌子上，没有褶皱。

②没有特殊要求，请不要拉抻衣服。

（2）请用垂直卷尺测量所有的圆度。

（3）卷尺的可读性要好。

5.3.1 夹克测量标准

正式的女士夹克概况如图 5-1 所示。

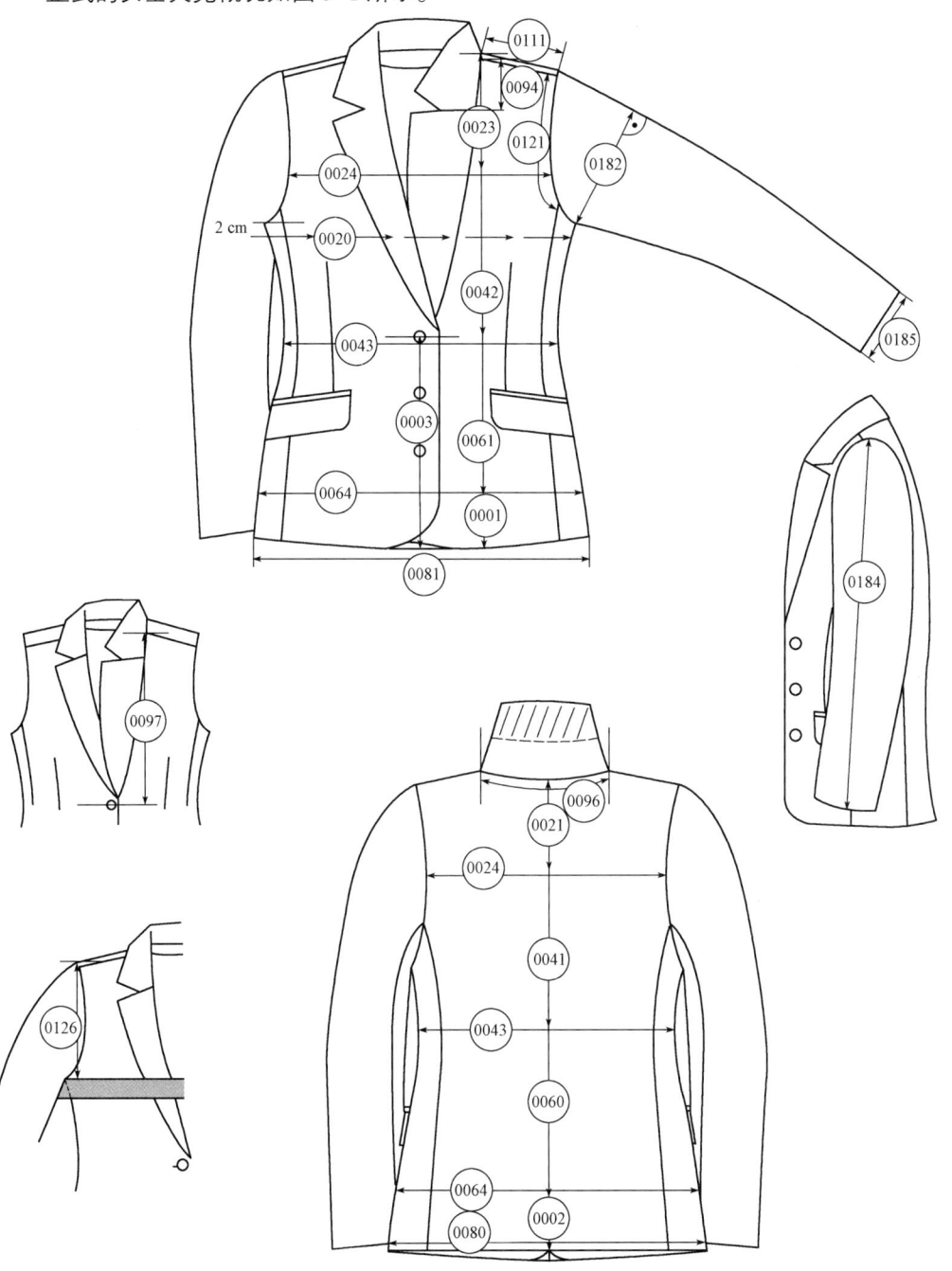

图 5-1 正式的女士夹克概况

正式的男士夹克概况如图 5-2 所示。

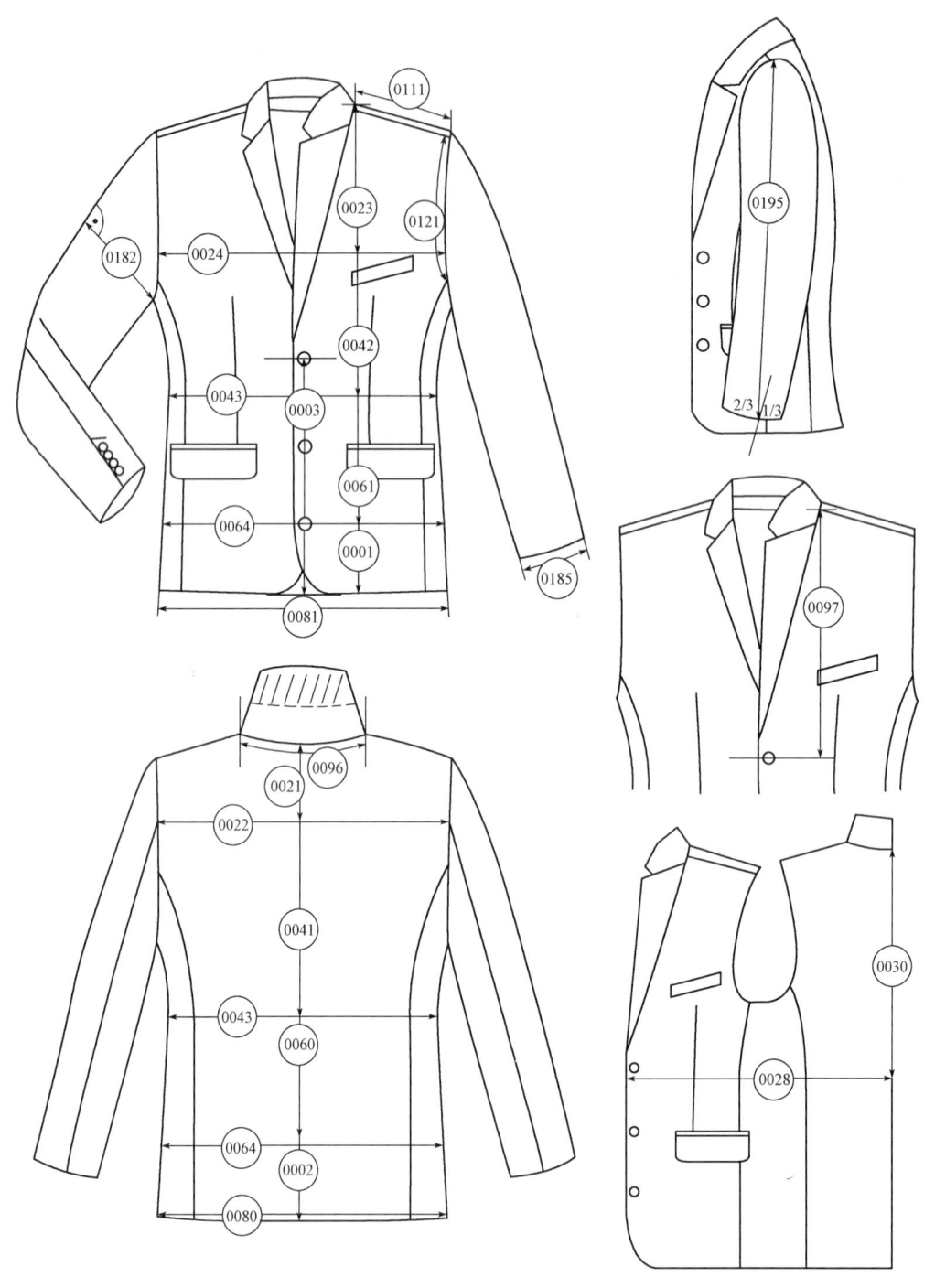

图 5-2 Overview Formal Jackets Male 正式的男士夹克概况

大衣概况如图 5-3 所示。

图 5-3 大衣概况

表 5-2　图 5-1～图 5-3 中使用的测量方法的说明和简述

Code 编码	Description 说明	Sketch 简述
0001	body length from high point shoulder 衣长距肩颈点	measure at front part from high point shoulder to lowest bottom edge, even if shoulder seam is moved into front part 测量前片从高肩点到最低底边，即使肩缝移动到前部
0002	body length at C.B. 后中衣长	measure from C.B. neckline seam to lowest bottom edge 尺寸是从后中领线到最低底边测量的
0003	body length at C.F. 前中衣长	measure from mid of first button to lowest bottom edge. If no buttons take crossing point 尺寸是从第一个纽扣到最低底边测量的。如果没有按扣，则从十字交叉点测量
0020	chest, 2 cm under armhole 胸部，腋下 2 厘米	measure 2 cm below deepest armhole point, step by step, till edge. If no dividing seams measure from side edge to side edge 在袖窿最深点以下 2 厘米处，一步一步地测量，直到边缘，如果没有分割缝，则从侧边到侧边量测量

续表

Code 编码	Description 说明	Sketch 简述
0021	back width dist. from C.B. 后背宽距后中	measure from C.B. to back width line 测量从后中到后宽线
0022	back width 1/1 后背宽 1/1	measure at back width line from armhole to armhole 测量后背宽从袖隆至袖笼
0023	breast width dist. from high point shoulder 胸宽距肩颈点	measure from high point shoulder to breast width 测量从肩高点到胸宽
0024	breast width 胸宽	measure at breast width from side edge to side edge 从一边到另一边测量胸宽
0028	1/2 underbreast width 1/2 下胸宽	measure at underbreast line from front edge to C.B. line 从前边到后中线测量下胸宽
0030	underbreast width dist. from C.B. 从 C.B. 1/2 下胸宽距后中	measure from C.B. to underbreast width line 从后中到测量下胸宽
0041	waist dist. from C.B. 腰围距后中	measure from C.B. to waist line 从后中到腰线测量

续表

Code 编码	Description 说明	Sketch 简述
0042	waist dist. from high point shoulder 腰围距肩颈点	measure from high point shoulder to waist line 从肩高点到腰线测量
0043	waist 腰围	measure at waist line from side edge to side edge 从一边到另一边测量腰围线
0060	hip dist. from C.B. 臀围距后中	measure from C.B. to hip line 从后中到臀线测量
0061	hip dist. from high point shoulder 臀围距肩颈点	measure from high point shoulder to hip line 从肩高点到臀线测量
0064	hip width 臀围	measure at hip line from side edge to side edge 从一边到另一边测量臀线

续表

Code 编码	Description 说明	Sketch 简述
0065	hip width / last buttom open 臀围/最下面的扣打开量	measure at hip line from side edge to side edge 从一侧到另一侧沿臀线测量
0080	bottom width along edge 摆围沿边	measure along edge from side edge to side edge 从一侧到另一侧沿边测量尺寸
0081	bottom width, straight 摆围直量	measure straight at lowest bottom edge from side edge to side edge 从最低底摆边的一侧到另一侧测量尺寸

续表

Code 编码	Description 说明	Sketch 简述
0082	bottom width along edge / last button open 摆围弯量 / 打开最后一个扣	measure along edge from side edge to side edge last button must be opened 沿边从一侧到另一侧测量尺寸，最后一个扣必须打开
0083	bottom width straight / last button open 摆围直量 / 最后一个扣打开	measure straight at lowest bottom edge from side edge to side edge last button must be opened 沿最低底摆边的一侧到另一侧测量尺寸，最后一个扣必须打开
0090	neck vertical 垂直领	measure from C.B. neckline seam to mid of first button 从后中领线缝到第一个扣测量尺寸 If no button measure from C.B. neckline to C.F. neckline 如果没有扣尺寸，则从后中领线到前中领线测量

续表

Code 编码	Description 说明	Sketch 简述
0092	neck drop front 前领深	measure from high point shoulder to mid of first button / front piping / tubular / rib blend seam 从肩高点到第一个扣/领口、肋合缝测量
0093	neck drop back 后领深	measure from high point shoulder to bottom of center back piping / tubular / rib blend seam 从肩高点到后中贴边底部/领口、肋合缝测量
0094	neck line front part 前领线	measure along neckline from shoulder seam to crotch point If no lapel collar, measure from shoulder seam along neckline to C.F 沿领线从肩缝到叉点测量，如果没有翻领，则从肩缝沿领线到前中

续表

Code 编码	Description 说明	Sketch 简述
0096	neck line back part 后领线	measure along neck line seam from shoulder seam to shoulder seam 沿领缝从肩缝到肩缝测量
0097	neck drop front to seam 前领深到缝	measure from shoulder seam to mid of first button / front piping / tubular / rib blend seam 从肩缝到第一个扣测量
0110	shoulder 肩	measure at shoulder from highest arm hole point to highest arm hole point, at back part 在后片，从袖窿最高点测量到袖窿最高点
0111	shoulder seam 肩缝	measure along shoulder seam line 沿肩缝线测量

续表

Code 编码	Description 说明	Sketch 简述
0120	arm hole along seam line 袖隆沿缝	measure at front part from highest arm hole point along the seam to lowest arm hole point 在前片，从袖隆最高点沿缝向袖隆最低点测量
0121	arm hole along seam line，front 袖隆沿缝，前	measure along seam line from shoulder seam to first seam 沿缝线从肩缝到第一个缝测量
	front part with princess seam：measure along seam line from shoulder seam to side seam / front part without side seam：measure along seam line from shoulder seam to first seam 前片有公主缝：从肩缝沿缝线测量到侧缝 / 前片无侧缝：从肩缝沿缝线测量到第一缝	

续表

Code 编码	Description 说明	Sketch 简述
0121		
0122	armhole along seam line, back 袖窿沿缝，后	measure along seam line at back part from shoulder seam to first front part seam (including side part) 沿缝在后片从肩缝到第一个前片缝 attention: Only with style pattern from Rottendorf
0126	arm hole deep 袖窿深	measure at front part from highest arm hole point, to lowest armhole point 在前片，从袖窿最高点到袖窿最低点 please use a inflexible, stiff tool like a ruler to have an easier handling additionally you get an impression about the balance of both arm hole 用尺子来辅助测量
0181	sleeve length from shoulder 袖长至肩部	measure from highest arm hole point along break line edge to sleeve edge 从袖窿最高点沿翻折线边到袖口测量
0182	muscle width 袖口	measure from break line edge, rectangular to lowest arm hole point 从翻折线边成直角到袖窿尖

续表

Code 编码	Description 说明	Sketch 简述
0185	sleeve edge 袖口	Measure at sleeve edge from edge to edge 从袖口的一边测量到另一边
0184	sleeve length from shoulder point along thread line 袖长从肩点沿缝线	measure from highest point of sleeve along thread line to sleeve edge 从袖最高点沿缝线到袖口测量
0192	elbow distance from sleeve edge 肘距袖口	measure along break line edge from sleeve edge to elbow line 沿翻折线边从袖口到肘进行测量
0193	elbow width 肘宽	measure at elbow line from side edge to side edge 从肘的一边到另一边进行测量
0195	sleeve length / formal jacket 袖长/正式夹克	measure from highest point of sleeve to sleeve edge 从袖最高点到袖口进行测量
0196	elbow distance from shoulder 肘距肩	measure along break line edge from shoulder to elbow line 沿翻折线边从肩到肘进行测量

续表

Code 编码	Description 说明	Sketch 简述
	(0195) 2/3 1/3	(0196) (0193)
	Please see the corresponding tool for measurements of placket/ slit raglan collar bib / volant cuff straps double layer stretched hood t-shape junior big size	

5.3.2 裙子测量标准

裙子概况如图 5-4 所示。

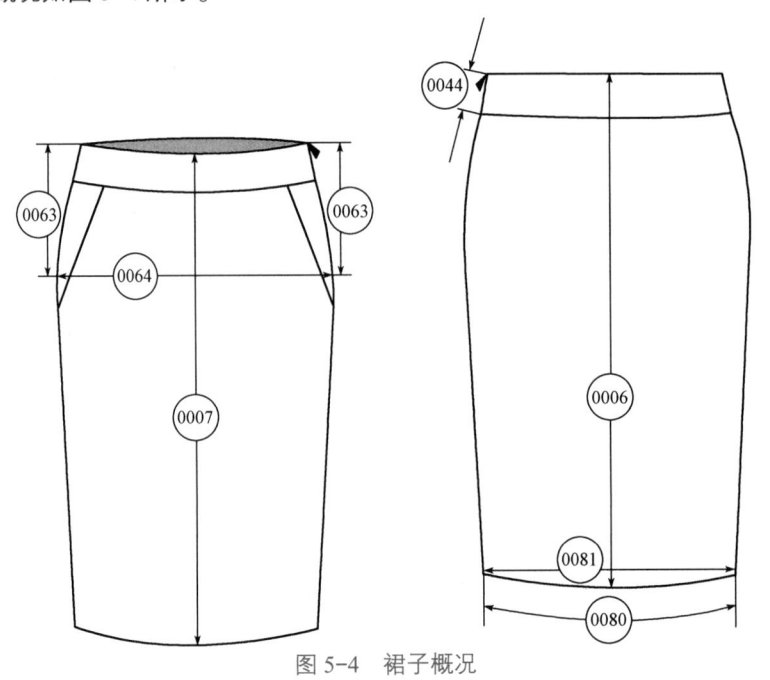

图 5-4 裙子概况

图 5-4 裙子概况（续）

表 5-3 裙子测量详解

Code 编码	Description 说明	Sketch 简述
0006	skirt length C.B. from top edge 后中裙长距顶边	measure from top edge to bottom edge 从顶边到底摆边测量

续表

Code 编码	Description 说明	Sketch 简述
0007	skirt length C.F. from top edge 前中裙长距顶边	measure from top edge to bottom edge 从顶边至底摆边测量
0043	waist 腰	lay top edge of waistband front part on top edge of waistband back part 前片腰座顶边在后片腰座顶边上 measure along waist line from side edge to side edge inside 沿腰从一边到另一边测量里面
0044	waistband height 腰高	measure from top to bottom edge of waistband 沿腰座的上到下边缘测量
0046	waistband seam 腰缝	measure at waistband seam along from side edge to side edge (useful for higher waistbands) 腰缝沿侧边到侧边（适用于高腰座）测量

续表

Code 编码	Description 说明	Sketch 简述
0063	hip distance from top edge 臀围距顶边	measure from top edge of sideseam to hip line 从侧缝的顶边至臀围线测量
0064	hip width 臀围	measure at hip line from side edge to side edge 臀围从侧缝到侧缝
0163	fly length 前门襟	measure from waistband seam, or if no waistband from top edge, to fly end 从腰座缝开始测量，如果没有腰座，那么就从顶边到门襟底部
0080	bottom width along 摆围沿边	measure along edge from side edge to side edge 沿边从一边量到另一边测量
0081	bottom width, straight 底摆宽，直量	measure straight from side edge to side edge 从一边到另一边测量

续表

Code 编码	Description 说明	Sketch 简述
0164	zipper opening 拉链开口	measure from top to end of opening 从开口的顶到底进行测量

5.3.3 裤子测量标准

裤子概况如图 5-5 所示。

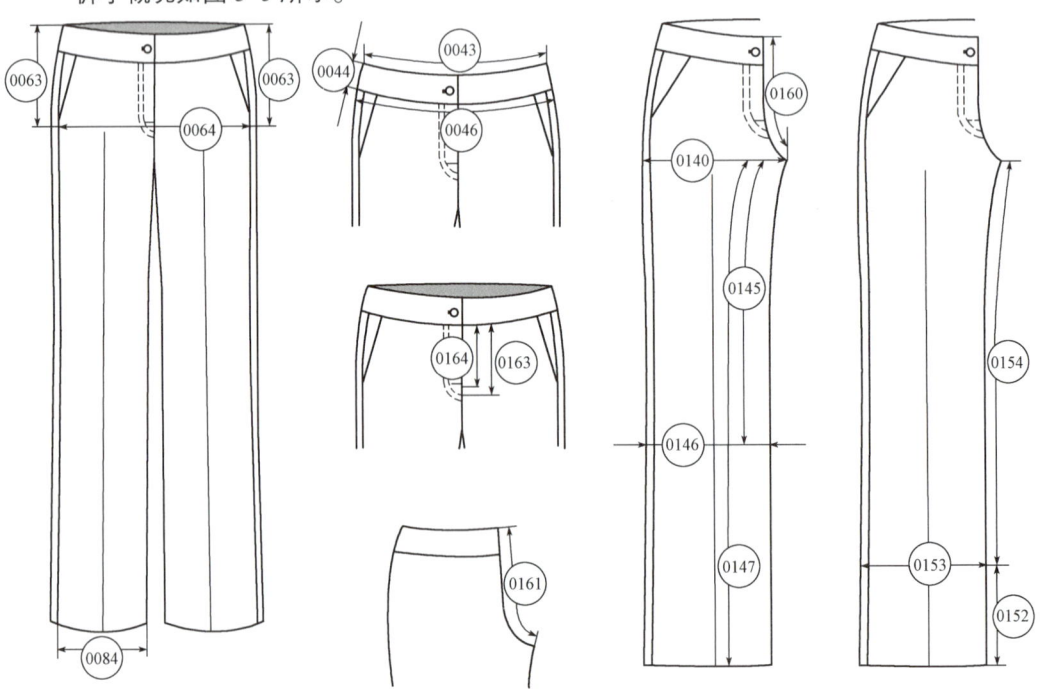

图 5-5 裤子概况

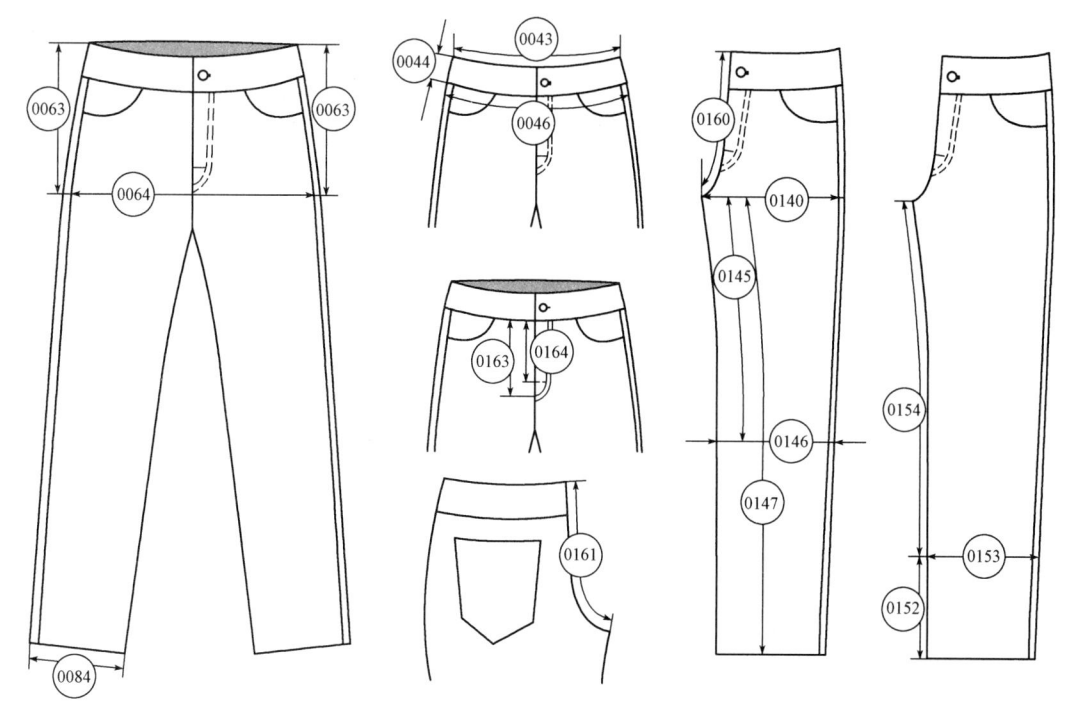

图 5-5 裤子概况（续）

表 5-4 裤子测量方法详解

Code 编码	Description 说明	Sketch 简述
0043	waist 腰围	lay top edge of waistband front part on top edge of waistband back part 将腰正面的上沿置于腰背面的上沿上 measure along waist line from side edge to side edge inside 沿腰线从一边到另一边内测量
0044	waistband heigh 腰座高	lay top edge of waistband front part on top edge of waistband back part 将腰正面的上沿置于腰背面的上沿上 measure from top to bottom edge of waistband 从腰座的上边到下边测量
0046	waistband seam 腰缝	lay top edge of waistband front part on top edge of waistband back part 将腰正面的上沿置于腰背面的上沿上 measure at waistband seam along from side edge to side edge（useful for higher waistbands） 沿腰座缝一边到另一边（适用于高腰座）测量

续表

Code 编码	Description 说明	Sketch 简述
		(0043) (0044) (0046)
0063	hip distance from top edge 臀距顶边	measure from top edge of sideseam to hip line 从顶边侧缝到臀测量
0064	hip width 臀围	measure at hip line from side edge to side edge 测量臀部的一边到另一边
0084	bottom width straight trouser 裤脚直量	measure straight at bottom edge from side edge to side edge 从裤脚一边到另一边测量
		(0063) (0064) (0084)
0138	outseam incl. waistband 外缝，包括腰座	measure from top edge to bottom edge 从顶边到裤脚测量
0140	thigh 腰围	measure from crotch point; inseam on inseam, straight to outer edge 从叉点，内缝对内缝测量到外边缘
		(0138) (0140)

续表

Code 编码	Description 说明	Sketch 简述
0166	knee distance inseam fr. crotch 26 inch 膝围距内缝从叉点量 26 英寸[①] measure from crotch point to knee line 从叉点到膝部	
0167	knee distance inseam fr. crotch 28 inch 膝围距内缝从叉点量 28 英寸	
0141	knee distance inseam fr. crotch 30 inch 膝围距内缝从叉点量 30 英寸	
0142	knee distance inseam fr. crotch 32 inch 膝围距内缝从叉点量 32 英寸	
0143	knee distance inseam fr. crotch 34 inch 膝围距内缝从叉点量 34 英寸	
0144	knee distance inseam fr. crotch 36 inch 膝围距内缝从叉点量 36 英寸	
0145	knee distance inseam fr. crotch 膝围距内缝从叉点量	
0146	knee width 膝围	measure at knee line straight from inner edge to outer edge 从膝部直量从内边到外边（fell seam 倒缝）测量 attention: in case of a fell seam please measure from middle of seam along inseam to knee line 注意：如有倒缝，请从中缝沿内缝测量到膝围线
0147	seam – inseam 缝—内缝	measure from crotch point along inseam to bottom edge 从叉点沿内缝到裤脚测量

[①] 1 英寸 =0.025 4 米。

续表

Code 编码	Description 说明	Sketch 简述
0168	seam – inseam 26 inch 缝—内缝 26 英寸	
0169	seam – inseam 28 inch 缝—内缝 28 英寸	
0148	seam – inseam 30 inch 缝—内缝 30 英寸	
0149	seam – inseam 32 inch 缝—内缝 32 英寸	
0150	seam – inseam 34 inch 缝—内缝 34 英寸	
0151	seam – inseam 36 inch 缝—内缝 36 英寸	
0152	calf dist. from edge 小腿距裤脚	measure straight from bottom to calf line 从裤脚到小腿测量
0153	calf width 小腿围	measure at calf line straight from inner edge to outer edge 从小腿从内边到外边测量
0154	calf dist. from crotch 小腿围距叉点	measure from crotch point along inseam to calf line 从叉点沿内缝到小腿测量

续表

Code 编码	Description 说明	Sketch 简述
0170	calf dist. from crotch 26 inch 小腿围距叉点 26 英寸	
0171	calf dist. from crotch 28 inch 小腿围距叉点 28 英	
0155	calf dist. from crotch 30 inch 小腿围距叉点 30 英寸	
0156	calf dist. from crotch 32 inch 小腿围距叉点 32 英寸	
0157	calf dist. from crotch 34 inch 小腿围距叉点 34 英寸	
0158	calf dist. from crotch 36 inch 小腿围距叉点 36 英寸 attention: In case of a fell seam please measure from middle of seam along inseam to calf line 注意：如有倒缝，请从中缝沿内缝到小腿	
0160	rise – front rise from top edge 裆—前裆从顶边	measure along front rise from top edge of garment to crotch point 沿前裆从成衣顶边到叉点测量
0161	rise – back rise from top edge 裆—后裆从顶边	measure along back rise from top edge of garment to crotch point 沿后裆从成衣顶边到叉点测量

续表

Code 编码	Description 说明	Sketch 简述
0163	fly length 门襟长	measure from waistband seam, or if no waistband from top edge, to fly end 从腰座缝或没有腰座从顶边到门襟底部测量
0164	zipper opening 拉链开口	measure from top to end of opening 从开口从顶到底测量

课后思考

1. 什么是头样、二次头样、封样样、跳码样、齐色齐码样、产前样？
2. 上装一般有哪些主要部位？简述这些部位名称的位置和量度法。
3. 下装一般有哪些主要部位？简述这些部位名称的位置和量度法。

参考答案

项目 6
面辅料跟单

知识目标

1. 了解并掌握面辅料跟单过程中的一些必备知识。
2. 熟悉面辅料的种类、特性、识别方法和技巧。
3. 掌握面料规格术语。

能力目标

1. 能够看懂面料合同。
2. 能够看懂面料规格术语。
3. 能够用常规方法鉴别面料。

面辅料跟单

真丝双绉面料

6.1 面辅料基础知识

业内有句话叫作"做好采购必先学会跟单",可见面料跟单的重要性。面辅料跟单是服装跟单的重要组成部分,其主要任务是跟踪、协调、组织管理订单生产所需要的面辅料的采购和供应,以确保订单生产所需物料按要求(颜色、规格、数量、质量)准时供应到生产部门。

面辅料是服装在制作过程中所要用到的所有材料。它对服装的款式、造型、工艺质量和价格水平有直接影响。若跟单员要做好面辅料跟单,则必须了解和掌握面辅料的种类、特点等知识,以便在跟单过程中能避免或解决生产中所遇到的问题,保证服装的品质。

6.1.1 面料种类及特点

面料是服装制作所用的主体材料。它的结构、性能直接影响到服装的品质。根据组织结构,面料可分为机织面料、针织面料、非织造布和其他面料。其中机织面料是各种服饰的常用面料,而针织面料因其性能柔软舒适且具有良好的弹性、延伸性而成为运动服、休闲服、内衣、婴幼儿服装的首选面料。

1. 机织面料

机织面料(图6-1)是指由相互垂直排列的经、纬两个系统的纱线,在织机上按照一定的规律上浮和下沉来形成的织物。根据其组织结构的复杂程度,机织面料可分为基础组织、变化组织、复杂组织等,而基础组织又称为三原组织,包括平纹、斜纹和缎纹组织;根据纤维原料的成分可以分为棉、麻、毛、丝、化学纤维等织物。

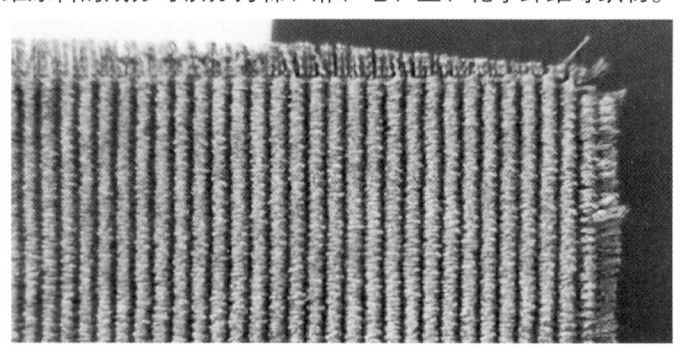

图6-1 机织面料

2. 针织面料

针织面料是利用织机把一个系统的纱线弯曲并相互串套形成的织物。根据其喂入纱线的方向,可以分为针织经编面料和针织纬编面料(图6-2)两大类。针织面料具有良好的弹性、延伸性,手感柔软、保暖性好、吸湿性强。但是针织面料容易脱散、卷曲,易起毛、起球和勾丝，一般用来制作内衣、紧身衣、运动衣、休闲服。近年来，针织面料也被广泛用于婴幼儿服装、老人以及残疾人服装和各种家纺用品、汽车用纺织品、医用纺织品中。

图 6-2　针织纬编面料

3. 非织造布

非织造布又称无纺布、不织布。它是一种利用高聚物切片、短纤维或长丝，通过各种纤网成型方法和固结技术形成的具有柔软、透气和平面结构的新型纤维制品。非织造布突破了传统的纺织原理，并具有工艺流程短、生产速度快、产量高、成本低、用途广、原料来源多等特点。非织造布的主要用途大致可分为以下几种：

（1）医疗、卫生用无纺布。手术衣、防护服、消毒包布、口罩、尿片、民用抹布、擦拭布、湿面巾、魔术毛巾、柔巾卷、美容用品、卫生巾、卫生护垫及一次性卫生用布等。

（2）家庭装饰用无纺布。贴墙布、台布、床单、床罩等。

（3）服装用无纺布。衬里、粘合衬、絮片、定型棉、各种合成革底布等。

（4）工业用无纺布。过滤材料、绝缘材料、水泥包装袋、土工布、包覆布等。

（5）农业用无纺布。作物保护布、育秧布、灌溉布、保温幕帘等。

（6）其他无纺布。太空棉、保温隔音材料、吸油毡等。

4. 其他面料

除以上面料外，裘皮、皮革、人造革、合成革等仿皮面料也用于制作服装，统称其他面料。此外，目前市场上流行的面料还有消光面料、绒面料、弹力面料等。

（1）裘皮和皮革。裘皮和皮革都有天然的、人造的和合成的。天然的裘皮和皮革是用动物皮制成，人造的是在棉、麻、化纤等纤维织物上涂上一层化工材料制成，合成皮又称仿毛或仿皮材料，是在一层非织造底布上，用树脂涂饰而成。仿毛皮是近年来兴起的一种新型面料，品种多样，色彩丰富，牢度好、易打理、光泽佳，并且价格低廉、使用范围广。目前常见的有聚氨酯（PU）、人造革、仿羊皮、仿鹿皮、压花仿豹皮等。

（2）消光面料。消光面料是采用消光丝生产的织物面料，布面光泽柔和、手感柔软、新颖时尚。其品种有消光尼丝纺、消光塔丝隆、消光锦棉绸、消光春亚纺、消光涤塔夫等。

（3）绒面料。绒面料是表面有绒毛的面料。其表面绒毛丰盈、手感柔软、舒适保暖、用途广泛。其品种有鹿皮绒、桃皮绒、钻石绒、雕印植绒、麻灰绒、天鹅绒、弹力绒、圈圈绒、摇粒绒等，可以用来制作休闲夹克、风衣、大衣、童装及玩具饰物。

（4）弹力面料。弹力面料具有较大的弹性，如弹力牛仔裤就是用弹性包芯纱做纬纱纺织而成，穿着舒适、伸展自如、不易变形，适合不同体型的人穿着。常见的弹力面料有弹力府绸、弹力贡缎、弹力罗缎、弹力卡丹绒、弹力雪纺、弹力锦棉绸、弹力鹿皮绒等。

6.1.2 辅料种类及特点

辅料是指除面料以外所有用于服装上的材料，是服装不可或缺的部分。根据服装辅料的作用可分为里料、衬料、垫料、填料等。生产用辅料还包括包装材料，比如大头针、夹子、领口胶托、领撑胶条、衣架、纸板、防潮纸、防皱胶条、胶袋、纸箱等。

1. 里料

里料是指服装最里层的材料，是用来部分或全部覆盖服装面料或衬料的材料，也可称为里子或夹里。里料具有使服装挺括美观，提高服装保暖性，增强服装立体感，使服装穿脱方便，保护面料等功能。常见的里料有以下几种：

（1）棉布类。粗布、条格布、绒布等。

（2）丝绸类。塔夫绸、花软缎、电力纺等。

（3）化纤类。美丽绸、涤纶塔夫绸、锦纶绸、彩旗纺、高密春亚纺、锦纶丝交织提花类里料、喷水色丁缎等。

（4）混纺交织类。羽纱、棉涤混纺里布等。

（5）毛皮及毛织品类。各种毛皮及毛织物等。

（6）针织类。经编网眼面料、经编绒等。

选用里料时要注意纤维成分、缩水率、色牢度、厚度、颜色等性能须与面料性能保持一致。此外，还要根据不同的季节和款式选择合适的里料，如夏装要选择触感凉爽轻薄的里料，冬装要选择厚实保暖的里料，运动装要选择有弹性的网状针织里料。

2. 衬料

衬料是指用于服装面料与里料之间，附着或粘合在衣料上的材料，具有硬、挺、弹性好的特点。衬料通常用于服装的衣领、前襟、袖口、袋口、腰头、衣摆边缘、前胸等部位，起到增强服装的牢度和抗皱能力，使服装平整美观、挺括饱满以及保型和支撑的作用。另外，加有衬布的衣片，在缝制时可以更加方便。

衬料主要可分为如下几种：

（1）棉布衬。常用的有粗布衬、细布衬。

（2）麻衬。麻布衬、平布上胶衬。

（3）动物毛衬。马尾衬、黑炭衬。

（4）化学衬。粘合衬、树脂衬、薄膜衬等。

（5）纸衬。

3. 垫料

垫料是为了使服装穿着合体、挺拔、美观而衬垫于服装局部的材料。其作用是在服装的特定部位起支撑和铺垫的作用，使该部位能够加高、加厚、平整或起隔离、加固或修饰的作用，达到满意的造型效果。垫料常用于服装的胸部、肩部、袖山及臀部。

4. 填料

填料是指服装面料与里料之间起填充作用的材料。其主要作用是增强服装的保暖性，也有的是作为服装的衬里以提高服装的保型性或增加绣花或绢花的立体感。随着新材料的不断涌现，还有的填料用于实现降温、保健、防热辐射等功能。根据形态，填料可分为絮类填料和材类填料。

（1）絮类填料是指未经过纺织的纤维或羽绒等絮状的材料。该类填料因没有固定的形状，使用时要有夹里。其主要品种有棉絮（棉花）、丝绵（蚕丝）、羽绒（鸭绒或鹅绒）、骆驼绒、羊绒和化学纤维絮棉等。

（2）材类填料是指由纤维纺织成的絮片状材料。该类填料因有固定的外形，可根据需要裁剪，使用时可不用夹里。其主要包括绒衬、驼绒、长毛绒、毛皮、泡沫塑料和化学纤维絮片（涤纶棉、腈纶棉、太空棉、中空棉）等。一些特制服装需要采用具有特殊功能的填料，如劳保服装须采用有热防护作用的填料；宇航服装须采用具有散热、防辐射功能的填料。另外，在选用面料、里料时，需要有一定的防穿透性能，如选用组织细密或经过涂层的羽绒布，以防脱绒。

5. 线类材料

线类材料是指连接服装衣片以及用于装饰、编结和特殊用途的材料，它是服装加工中不可缺少的辅料。其主要包括缝纫线、工艺装饰线和特种线。

（1）缝纫线。用于连接衣片等的线，其原料有天然纤维、化学纤维和合成纤维三种，在服装生产中的应用极为广泛。

（2）工艺装饰线。用于突显工艺装饰效果的线，主要包括绣花线、编结线和镶嵌线三类，根据不同的特点应用于各种服饰用品中。

（3）特种线。根据特殊需要而设计制成的线。例如，缝制具有阻燃功能服装的阻燃线，缝制具有防水功能服装的防针脚漏水的缝线等。其用途专一，成本较高，适用范围小。

6. 服装商标

服装商标是专用于服装的特定标识。其特有的艺术装饰性能够点缀服装的整体形象，是消费者认识商品的重要媒介，同时，也可以树立品牌形象，增强企业在市场中的竞争力。对于消费者而言，服装商标是指导购买服装的系列指引，消费者从商标中能获知商品的成分、尺码、质量、规格、产地、厂家、价格、洗涤和保养方法等信息。常见的服装商标有注册商标、成分商标、水洗商标、尺码商标、产地商标、价格商标、条码商标等，也有一些特殊的大型图案商标。

（1）注册商标。注册商标，又称为主商标，是服装企业专用的产品标识，用于区别其他制造商或服装的文字、符号、图案等，能吸引消费者的视觉，并产生强烈的感染力，以提高服装对消费者的吸引力。主商标要求具有明快简洁、醒目、有特色等特点。

（2）成分商标。成分商标是标注产品所用原料组成成分的商标。成分商标一般与水洗商标合在一起。消费者可以根据成分商标上的标示，选购服装和对服装进行正确保养，同时，对不同的用料，应分开标注。为方便消费者阅读，外贸出口服装一般都采用进口地的文字语言表达。

（3）水洗商标。水洗商标用于标明服装洗涤方式以及需要注意的保养指示，可以指导消费者采用正确的洗涤、护理方法，提高服装使用年限。不同的国家采用不同的洗涤商标标识，常用的水洗商标主要包括水洗、干洗、晾晒、漂白和熨烫五种基本标识，衍生出的几十种标识代表不同的护理方式（如30℃水洗，不可氯漂）。所有水洗商标及标识里的信息必须牢固、清晰地固定在服装上。

（4）尺码商标。尺码商标是用于表示产品规格的标识。同一尺码在不同国家和地区有不同表示方法。服装规格必须与尺码商标上的标识相符，以起到正确引导消费者选购的作用。服装企业通常会先根据不同体型设定一套成衣尺码代号，如S码、XL码或9码、11码、13码等。各地制造商还会根据企业产品和消费群的特点采用合适的尺码标识，如衬衣根据领围或胸围标示尺码代号，童装根据儿童年龄或身高编制尺码标识（童装5号表示适合5岁儿童穿着，童装115表示适合身高115厘米的儿童穿着）。

（5）其他商标。服装商标还分为产地、价格、条码、主题图案、环保等。产地商标是产品生产地的标志，例如"Made in China"；图案商标通常出现在童装、T恤、运动服上的一些装饰性图案或花纹中，或者是专门为某一活动而设计的主题图案商标；环保商标的作用是标明纺织品是否含有甲醛、杀虫剂、P.C.P重金属、芳香胺禁用染料等对人体有害物质，出口纺织品必须有环保商标才能顺利出关；条码商标是零售业管理商品的一项技术，它能使售货程序更准确、快速，提高零售的工作效率。

7．扣紧材料

扣紧材料是服装中具有封闭扣紧功能的材料，又称为系结物，用来将衣物敞开的开口部位紧密连接起来，使衣服更加舒适合体和方便穿脱，同时，扣紧材料可以保护肌体，起到卫生保健的作用。扣紧材料还兼具装饰性能，用以突出衣服的外形，使衣服更加美观。此外，昂贵或特制的扣紧材料还是地位和身份的象征，主要包括纽扣、钩、环、带条和拉链等。

（1）纽扣。纽扣是一种球状或片状的颗粒物体，用于服装开口部位的连接和装饰，方便穿脱衣物。系结用纽扣必须有纽门或线圈相配用，以便纽扣穿过并系牢在另一边的衣片上，装饰用纽扣则不一定需要纽门，多用于纯色衣料上作为点缀之用，如女装假纽、西服袖口纽等。纽扣花色品种繁多，按形状分，有圆形、方形、菱形、椭圆形、叶形等；按花色分，有凸花、凹花、镶嵌、包边等；按孔眼分，有暗眼扣和明眼扣；按原料分，有塑料、胶木、金属、玻璃、皮革、贝壳、珠光、木头等。此外，还可用本色衣料编结成各种盘花纽，如蝴蝶纽、金鱼纽、菊花纽、鸡心纽等。

（2）拉链。拉链是可以相互啮合的两条单侧牙链，通过拉头可以重复开合的连接物。拉链主要由底带、链牙及拉头组成。按材质，拉链可分为金属拉链、塑料拉链和尼龙拉链；按拉链牙构造，可分为锁链状拉链和锁圈状拉链；按拉链结构，可分为单封尾拉链、双封尾拉链和开尾拉链；按工艺外观，可分为露牙拉链、半隐形拉链和隐形拉链。

（3）其他扣紧材料。橡皮筋带、魔术贴、风纪扣、皮带扣、裙扣、按扣、绳索等系结用扣紧材料，在童装、户外服装、休闲运动服等中运用得较为广泛。

8．其他辅料

（1）定型物。定型物主要用于服装中需要加强支撑力的部位，例如肩部、前襟等。常见定型物有衣骨、定位带、定型贴等，主要起到加固、定型、保型等作用。

①衣骨。衣骨俗称鱼骨，是能起到增加强度、硬挺度的一种服装支撑物。领条是其中一种专门用于男装衬衫领尖部位的弹性胶条，可使领尖坚挺笔直，防止弯曲变形。此外，还有一些用于胸衣、腰封、帽缘、裙撑等部位的特殊支撑物，起到保持外形的作用。

②定位带。定位带是一种结构坚实的窄带条，具有加强硬挺度、固定尺寸、防止变形的功能。定位带通常有非粘合型和粘合型两种，如用于口袋防止变形，用于西服反襟线使折边清晰，用于缝边指示车缝折边，防止拉伸或起皱等。

（2）袋布。袋布是用于制作衣袋的里层材料，常见的材料有全棉袋布、CVC袋布、T/R袋布、T/C袋布等。

（3）饰带。饰带包括装饰织带、装饰用空心绳、实心绳、文胸带、挂球、流苏、花边等，通常用于女装、童装和家纺装饰用品中。

6.2 面料跟单必须掌握的技能

6.2.1 会看合同

合同中通常至少含有以下七大基本要素。
（1）合同的甲乙方联系人：姓名、电话、电子邮箱地址、微信等联系方式；
（2）合同中面料的基本要素——规格、质量标准、包装要求；
（3）付款条件；
（4）合同的交货期、交货地点；
（5）产前样确认标准、要求；
（6）双方封存的品质样、色样；
（7）违约责任。
合同样本如图6-3所示。

图 6-3 合同样本

6.2.2 掌握面料规格术语

1. 合同中数字符号的含义

合同中数字符号的含义如图 6-4 所示。

图 6-4 合同中数字符号的含义

图6-4中的BW190302SN、BW091126SN是客户为方便管理而使用的自己公司的编号,所以不同客户有不同的编号原则。

图6-4中的T/N/SP 86/11/3是面料成分表述,这在全世界基本都是统一的,成分多的在前,成分少的在后。

图6-4中的"门幅：150 cm"是指面料的毛幅宽。

2．认识规格术语

规格术语如图6-5所示。

（1）原料成分。原料成分包括织物的材质,如棉、毛、丝、涤等。

（2）纱支。纱支的粗细,长纤、短纤、棉、毛、麻、丝通常表述的方式不同。

（3）密度。不同原料表述经纬纱排列密度的方式不同,要学会换算。如1英寸的密度、10厘米的密度。

（4）克重。通常用每平方米克重为单位进行表述,也可用每米克重表述,须会换算。

（5）幅宽。有有效布宽和门幅（毛幅）的区别。

（6）颜色确认意见。关于工厂生产样与原样之间的相符程度,客户的确认意见。与光源有关。

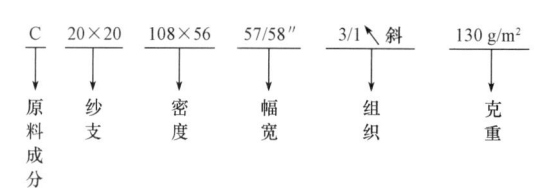

图6-5　规格术语

6.2.3　跟单常备工具

1．取样工具

（1）取样刀（图6-6）。通常的取样刀取样大小为10 cm^2（图6-7）。

（2）电子秤（图6-8）。用来称量面料的克重,通常与取样刀配对使用。面料的克重通常用平方米克重来表述。而称出的克重通常是10 cm^{2}的克重。二者的换算关系：1 m^{2}克重 =100×10 cm^{2}克重。

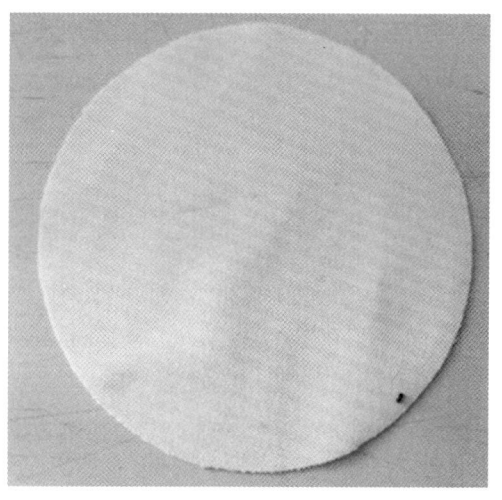

图6-6　取样刀　　　　　　　　　图6-7　10 cm^{2}样布

标准实验室称重量要去回潮,但一般客户不要求这些,所以直接取样称量即可。

2. 织物分析工具

织物分析工具如图 6-9 所示。

3. 标准色卡和比对色卡

通常国际上通用的标准色卡是 PANTONE(潘东)色卡,如图 6-10 所示。

但日本客户喜欢用 YKK 色卡,如图 6-11 所示。另外,我国还有一些色纺厂有自己的色卡。

标准色卡是颜色沟通的工具,但因不同版本和使用时间的长短及保存方式,会影响颜色的一致性,从而影响颜色的确认。

PANTONE(潘东)色卡从织物材质上可分为棉卡和涤卡;从制作材料上可分为纸卡和布卡。

在与客户交流时要确认客户的要求,与工厂交流时要掌握工厂色卡的质量。

比对色卡(即灰色样卡)是用来比较颜色变化程度的对比色卡。

图 6-8 电子秤

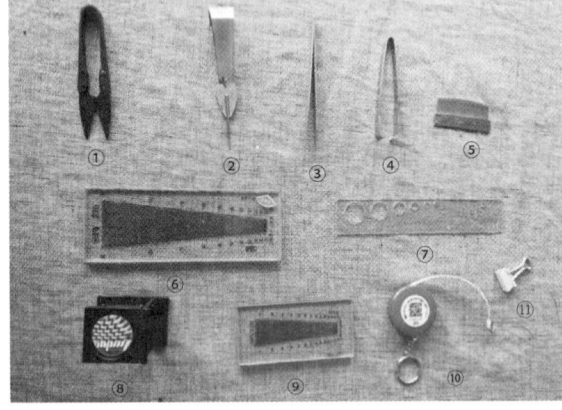

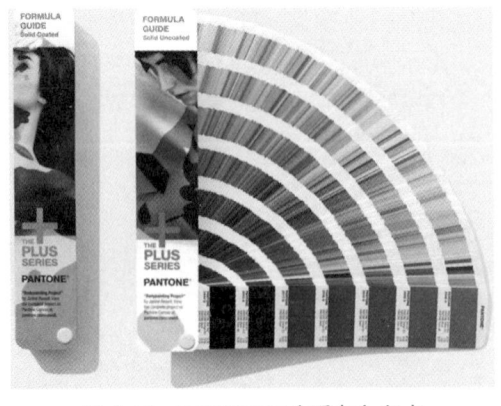

图 6-9 织物分析工具
①—纱剪;②—锥子;③—尖嘴镊子;④—平头镊子;
⑤—铁梳子;⑥—玻璃密度镜(大);⑦—直尺;
⑧—照布镜;⑨—玻璃密度镜(小);⑩—卷尺;⑪—夹子

图 6-10 PANTONE(潘东)色卡

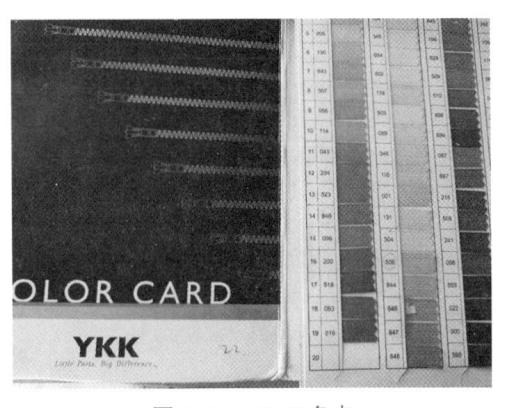

图 6-11 YKK 色卡

6.2.4 鉴别面料质量的简易方法

可以从四个角度鉴别面料的质量：
（1）拉拉扯扯。看织物纱线滑移、织物强力和弹力效果。
（2）摩摩看看。看织物的色牢度（干/湿）、面料的纬斜/弧、面料的光泽、质感、确认正反面和面料起毛起球的程度。
（3）洗洗烫烫。看织物尺寸稳定性（如水洗缩水率和熨烫缩率）。
①洗缩产生原因。
a. 定型时过分拉伸形成负伸长，主要在棉、麻等天然纤维出现较多。
b. 纤维性能决定。如粘胶纤维（人造丝）、麻纤维、蚕丝、毛。
②热缩产生原因。如定型温度不足、速度不合理。
（4）抓抓握握。看织物的折皱和折皱回复性。

6.3 面辅料跟单流程及跟单员的工作职责

面辅料跟单是确保大货生产顺利进行的重要前提。面辅料跟单关系到客户、面辅料部门、供应商等多个部门，需要各部门通力合作、紧密配合。跟单部作为其中的统筹部门，对整个订购过程起到全面的跟进和监督管理作用，因此，跟单员要加强与各相关部门的沟通和协调，确保完成面辅料采购测试任务，为大货生产创造条件。

6.3.1 面辅料跟单流程

（1）熟悉合同，掌握合同要求；
（2）与供货方确认面料的质量和颜色要求（纸制要求，邮件确认）；
（3）跟催色卡进度和颜色确认（需方的确认意见）；
（4）生产进度跟踪（定织定染布、现坯染色布）、半成品质量跟踪；
（5）产前样确认，现场大货抽检；
（6）通知发货，跟踪货运情况；
（7）客户端质量确认（邮件为证）；
（8）质量反馈；
（9）问题解决；
（10）合同整理，存档。

6.3.2 面辅料跟单员的工作职责

（1）发出生产计划给面辅料部门；

（2）整理所需订购的物料品种并分类记录；

（3）为客户或生产部提供物料报价服务；

（4）联系面辅料制造厂家，跟进面辅料样板的制作进度；

（5）核查面辅料样板，并跟进客户对面辅料样板批核与修改意见；

（6）反馈客户批核意见给物料部门或供应商，并及时跟进面辅料翻修的效果；

（7）制作面辅料标准卡并发放给相关部门；

（8）预算、核对面辅料用量，并协助清查仓库的存货情况；

（9）填写并向物料部门发出"物料订购清单"，同时，协助物料部门订购物料；

（10）发出面辅料订购清单，跟进面辅料生产进度，定期检查质量，督促按时交货；

（11）协调、组织大货面辅料运输、查验、点收等工作；

（12）核查面辅料到厂后合格品数量的溢缺情况，做好订单生产完成后剩余面辅料的返还、转运工作。

课后思考

1. 面料的缩水率可分为几种？测试面料正确的缩水率应如何操作？
2. 在服装中，哪些材料属于面料？哪些材料属于辅料？
3. 棉标号为200G，200G表示棉的面积应该是多少？
4. 牛仔布面料的标号：7.5OZ（安士）、10.5OZ（安士）、12.5OZ（安士）。这些标号中的单位代表什么？
5. 面布为化纤面料时，其袋布与里布一般要使用什么面料？为什么？
6. 当面料的经向或者纬向缩水超过8%时，为了保证大货生产时成品尺寸稳定，跟单员要怎样做？
7. 上装前中拉链起皱，一般可能因为什么引起？
8. 多少个次疵点=1个疵点？疵点指的是什么？
9. 当跟单员收到布库的面料检查报告时，如果发现面料质量不合格，那么应该怎样做？

参考答案

项目 7
纺织服装生产跟单

知识目标

1. 了解织造工艺及其跟单流程。
2. 熟悉织物的染整工艺及其跟单流程。
3. 掌握服装的加工工艺及其跟单流程。

能力目标

1. 能够根据客户要求，以 AQL 值进行质量检测并给出检查报告。
2. 根据交货期安排初、中、末期检查。

纺织服装生产跟单

7.1 纺织服装生产跟单基础知识

7.1.1 织造生产工艺概述

织物的织造就是将两组相互垂直的经纱和纬纱按一定规律相互交织形成织物的过程。由于织造织物的品种不同，因此工艺流程也稍有差异。织物的生产过程包括准备阶段、织造阶段和整理阶段。

1．准备阶段

经纱、纬纱在织机加工之前需经过准备加工。不同纤维的经纱、纬纱须采用不同的准备加工方法。通常经纱准备加工包括络筒、整经、浆纱和穿结经。一般来说，单纱需要上浆，以增其强力，而股线则不需要上浆。纬纱的准备加工包括络筒、定形、卷纬等。

2．织造阶段

通常将经、纬纱按织物的组织规律，在织机上相互交织，构成机织物的加工过程称为织造。织造过程就是织机完成开口、引纬、打纬、送经和卷取五大运动的过程。

3．整理阶段

（1）验布。将织好的布匹在验布机上进行逐匹检验，将检验出的疵点在布边上做标记，并填写验布记录。对布面上可以修复的疵点进行修复。

（2）折布。将验好的布进行折布，形成折装匹布。

（3）包装。将折好的布按要求进行包装，以便销售运输。

7.1.2 染整工艺概述

染整产品的加工流程较长，加工工序较多，通常包括前处理、染色印花和后整理三个阶段。由于产品不同，因为每个阶段所实施的具体工序也有所差异。

1．前处理

前处理包括烧毛、退浆、煮练、漂白、丝光等处理。

2．染色印花

（1）染色。纺织品的染色可以在任何阶段进行，可以在纤维、纱线、织物及成衣等不同阶段进行染色，因此，染色可分为散纤维染色、毛条染色、纱线染色、匹布染色和成衣染色等。

（2）印花。使用染料或涂料使纺织品局部着色，从而形成花纹和图案的工艺过程，称为织物印花。印花工艺一般包括筛网制版（花筒雕刻）、色浆调制、印制花纹和烘干、蒸化、水洗等工序。

3．后整理

织物的后整理是指织物经过练漂、染色、印花后，为提高织物品质而赋予纺织品特殊功能的加工整理。织物的后整理主要包括手感整理、定型整理、外观整理和功能整理。手感整理包括硬挺整理和柔软整理；定型整理包括拉幅或预缩处理；外观整理包括轧光或增白处理；功能整理包括防水拒水处理、阻燃处理、防污整理、抗静电处理、香味处理、抗紫外线整理、抗起毛起球整理、磨绒整理、防霉整理等。

7.1.3　服装成衣工艺概述

服装成衣的加工过程通常包括裁剪、缝制、熨烫、检验和包装五道工序。对于不同的产品，每道工序的具体内容有所不同。

1．裁剪

裁剪工序的主要任务是把整匹的服装面料，按所要生产加工的服装样板，裁剪成各种服装衣片，以供缝制车间缝制成衣。其主要工作包括裁剪方案的制订、排料、铺料、裁剪、验片、打号和捆扎。

2．缝制

缝制就是将平面的衣片缝合，使之成为适合穿着的立体服装。缝制工序制定得合理与否，缝制技艺的高低等，都将直接影响到工作效率和成衣的质量。

3．熨烫

人们常用"三分缝制七分熨烫"来强调熨烫的重要性。熨烫工艺就是运用归、拔、压、推方法，使服装具有平、直、顺、圆、挺等外观效果。

4．检验

成衣检验内容主要包括色差检验、规格尺寸、裁剪质量、缝制质量、熨烫质量、疵点检款和商标包装检验。

5．包装

跟单时，既要注意内包装规格与方式，做到平整美观，一些特别款式的服装在包装时还要进行特殊处理，如扭绉类服装要以绞卷形式包装，以保持其造型风格；还要注重外包装规格与方式。服装规格、尺码、颜色搭配要符合订单要求。装箱时应注意数量完整，颜色尺寸搭配准确无误。外箱上刷上箱唛，标明客户、指运港、箱号、数量、原产地等，内容与实际货物相符。

7.2　纺织服装生产跟单流程

7.2.1　织造跟单流程

纺织厂织造跟单是指工厂根据订单规定的产品品质、包装和交货时间等有关条款进行原料采购跟单、品质跟单、包装跟单和生产跟单、出货及售后服务跟单，以保质保量并按时完成交货任务。

7.2.2　染整跟单流程

染整跟单包括染色跟单、印花跟单和后整理跟单是指跟单员在坯布染色、印花及后整理的过程中所从事的协调、沟通、监督、催促、执行等具体工作。

7.2.3　服装成衣跟单流程

第一，全面准备并了解订单资料（生产工艺、最终确认样、面/辅料样卡、确认意见或更正资料等），确认所掌握的所有资料之间，制作工艺细节是否统一、详尽。对指示不明确的事项，应详细反映给相关技术部门和业务部门，以便及时确认。

第二，对服装订单的实施进度和产品的质量进行跟进，对订单实施过程中的信息和资料进行汇总整理。

第三，预先充分估量工作中问题的潜在发生性，相应加强工作力度，完善、细化前期工作，减少乃至杜绝问题发生的可能性。若在订单运作过程中发现问题，则须以书面报告的形式向主管部门汇报，并能够提出解决问题的建议，及时处理问题并总结经验，对以后的工作方式和细则进一步完善。

第四，跟单员应与各部门主管、客户保持密切的联系，做好沟通、协调工作，将问题发生的概率降到最低。

7.3　产品质量检验

7.3.1　纺织品质量检测

纺织品跟单员必须会看质量检测报告，并能从检测报告中发现存在的问题。

与客户签订合同时必须附有面料的检测标准，如日本通常执行日本化学纤维检查协会的标准，欧美通常执行ITS、SGS检测标准。无论执行哪个标准几乎都涵盖以下几项主要指标：

（1）色牢度指标。它包括耐光（耐日晒）、水洗、洗涤、污渍、干/湿摩擦等，而这些牢度指标又都包括其变色指标、粘色指标和污染指标。要掌握这些指标的检测方法。

（2）物理性能。它包括尺寸稳定性（水洗、熨烫、干洗等）、拉伸强力、撕裂强度、纱线滑移、抗起毛、起球能力等指标。以上都包括经纬向。

（3）织物混率（是否与合同一致）。

质量检测报告如图7-1所示。

7.3.2　服装质量检测

因为纺织品服装进出口的数量大、批次多、种类全，所以一般情况下对纺织品服装进行质量检验时

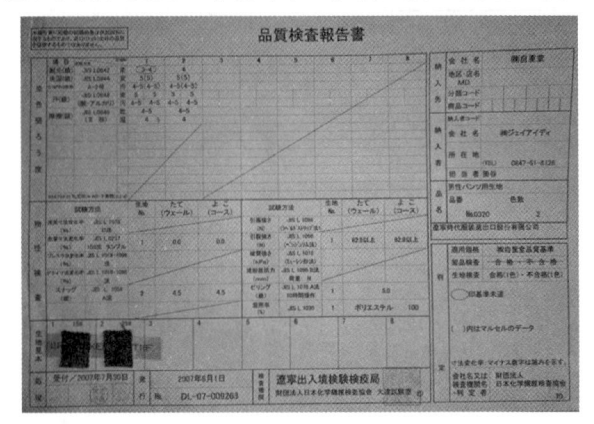

图7-1　质量检测报告

多采用抽样检验的方法。

抽样检验应用非常广泛，特别适用于纺织服装产品等数量较大的产品的质量检验业务。抽样检验是按照数理统计原理预先设计的抽样方案，从待检总体（一批产品、一个生产过程等）取得一个随机样本，对样本中的个体逐一检验，以获得质量特征值的样本统计值，并和相应标准比较，从而对总体质量做出判断（接收或拒绝、受控或失控等）。

我国现有的抽样方法标准很多，其中 GB/T 2828.1—2012 是一种既实用又容易被掌握的检验标准和方法。本节将着重介绍 CB/T 2828.1—2012 的基本内容及其在纺织品质量检验实务中的运用方法。

1. GB/T 2828.1—2012 概述

GB/T 2828.1—2012 即《计数抽样检验程序第 1 部分：按接收质量限（AQL）检索的逐批检验抽样计划》。它属于调整型计数抽样标准，可以在连续批产品质量检验中，随着产品质量水平的状况，随时调整抽验方案的严格程度。

GB/T 2828.1—2012 标准中抽样方案有五个要素，即批量、合格质量水平、检查水平、检查次数和严格度。

（1）批量。根据实践经验和经济因素，规定批量（N）为 15 档。1~8 为第一档，9~15 为第二档，依此类推。批量范围、检验水平与样本量字码之间的关系列表见表 7-1。

表 7-1 批量范围、检验水平与样本量字码之间的关系列表

批量档次	批量数量	特殊检验水平				一般检验水平		
		S-1	S-2	S-3	S-4	I	II	III
第一档	1~8	A	A	A	A	A	A	B
第二档	9~15	A	A	A	A	A	B	C
第三档	16~25	A	A	B	B	B	C	D
第四档	26~50	A	B	B	C	C	D	E
第五档	51~90	B	B	C	C	C	E	F
第六档	91~150	B	B	C	D	D	F	G
第七档	151~280	B	C	D	E	E	G	H
第八档	281~500	B	C	D	E	F	H	J
第九档	501~1200	C	C	E	F	G	J	K
第十档	1 201~3200	C	D	E	G	H	K	L
第十一档	3 201~10 000	C	D	F	G	J	L	M
第十二档	10 001~35 000	C	D	F	H	K	M	N
第十三档	35 001~150 000	D	E	G	J	L	N	P
第十四档	150 001~500 000	D	E	G	J	M	P	Q
第十五档	500 001 以上	D	E	H	K	N	Q	R

（2）合格质量水平。GB/T 2828.1—2012 中把合格质量水平（AQL）从 0.010～1000 按 R5 优先系数分为 26 级，其公比约为 1.5（见表 7-2）用以确定样本量和一次、二次或多次正常检验、加严检验、放宽检验抽样方案的接收数 Ac 和拒收数 Re。

合格质量水平（AQL）的确定，原则上由供需双方商定，也可以依照相应的标准或技术条件规定，既可以定性规定也可以定量规定。单位产品的影响较大时，AQL 值选用较小数；A 类不合格原则上不用抽样检查，B 类不合格的 AQL 值小，C 类不合格的 AQL 值大；产品检查项目少时，宜选用较小的 AQL 值，检查项目较多时宜选用较大的 AQL 值；产品价格较高时，用较小的 AQL 值，反之可用较大的 AQL 值；重要检查项目的 AQL 值较小，次要检查项目的 AQL 值较大等。

表 7-2 正常检验一次抽样方案

样本量字码	样本量	接收质量限（AQL）
		0.010 0.015 0.025 0.040 0.065 0.10 0.15 0.25 0.40 0.65 1.0 1.5 2.5 4.0 6.5 10 15 25 40 65 100 150 250 400 650 1000
A	2	… 0 1 … 1 2 2 3 3 4 5 6 7 8 10 11 14 15 21 22 30 31
B	3	… 0 1 … 1 2 2 3 3 4 5 6 7 8 10 11 14 15 21 22 30 31 44 45
C	5	… 0 1 … 1 2 2 3 3 4 5 6 7 8 10 11 14 15 21 22 30 31 44 45
D	8	… 0 1 … 1 2 2 3 3 4 5 6 7 8 10 11 14 15 21 22 30 31 44 45
E	13	… 0 1 … 1 2 2 3 3 4 5 6 7 8 10 11 14 15 21 22 30 31 44 45
F	20	… 0 1 … 1 2 2 3 3 4 5 6 7 8 10 11 14 15 …
G	32	… 0 1 … 1 2 2 3 3 4 5 6 7 8 10 11 14 15 21 22 …
H	50	… 0 1 … 1 2 2 3 3 4 5 6 7 8 10 11 14 15 21 22 …
J	80	… 0 1 … 1 2 2 3 3 4 5 6 7 8 10 11 14 15 21 22 …
K	125	… 0 1 … 1 2 2 3 3 4 5 6 7 8 10 11 14 15 21 22 …
L	200	… 0 1 … 1 2 2 3 3 4 5 6 7 8 10 11 14 15 21 22 …
M	315	… 0 1 … 1 2 2 3 3 4 5 6 7 8 10 11 14 15 21 22 …
N	500	… 0 1 … 1 2 2 3 3 4 5 6 7 8 10 11 14 15 21 22 …
P	800	… 0 1 … 1 2 2 3 3 4 5 6 7 8 10 11 14 15 21 22 …
Q	1250	0 1 … 1 2 2 3 3 4 5 6 7 8 10 11 14 15 21 22 …
R	2000	1 2 2 3 3 4 5 6 7 8 10 11 14 15 21 22 …

↓——使用箭头下面的第一个抽样方案，若样本量等于或超过批量，则执行 100% 检验。

↑——使用箭头 h 面的第一个抽样方案。

（3）检查水平。检查水平（IL）是指按抽样方案的判断能力而拟定的不同样本大小。显然，样本量 n 大些，其判断能力就大些。因此检验费用低廉时，就可以将 n 选得大一些。

GB/T 2828.1—2012 中把检查水平分为两类，一类是一般检查水平，用于没有特别要求的场合与情形，又分为 Ⅰ、Ⅱ、Ⅲ 三级，一般无特别说明时优先选择第 Ⅱ 级；另一类为特殊检查水平，用于希望样本量 n 较小的情形，它又分为 S-1、S-2、S-3 和 S-4 共四级。

（4）检查次数。GB/T 2828.1—2012 规定抽取样本的次数有三种，即一次、二次和五次。

（5）严格度。抽检方案的严格度是指采用抽检方案的宽严程度。GB/T 2828.1—2012 规定了三种宽严程度，即正常检验、加严检验和放宽检验。

2．服装跟单流程中质量检验案例

出厂验货按照 AQL2.5 正常检验标准来进行抽查（表 7-3）。

表 7-3　AQL2.5 正常检验抽样表

批量/件	样板量/件	接收质量限 AQL2.5 接收/件	接收质量限 AQL2.5 拒收/件
2~8	2	0	1
9~15	3	0	1
16~25	5	0	1
26~50	8	0	1
51~90	13	1	2
91~150	20	1	2
151~280	32	2	3
281-500	50	3	4
501~1 200	80	5	6
1 201~3 200	125	7	8
3 201~10 000	200	10	11
10 001~35 000	315	14	15
35 001~150 000	500	21	22
150 001~500 000	800	21	22
≥500 001	1 250	21	22

☆ AQL2.5 抽样检验的方法和步骤：
（以下假设批量为 500 件服装）
　确定样板量、接收数、拒收数：根据批量数 500 件，从上表中查出所处范围为 281~500 件，样板量为 50 件，在接收质量限 AQL2.5 列中查到接收判定值为 3 件，拒收判定值为 4 件。
　产品检验：从批量产品中随机抽取 50 件样品进行检验，在检验中，应该确保 100% 检验所抽取的样品。即使检验若干件后，发现疵点数已经超过拒收数，仍然需继续检验所剩余的样品。
　统计不合格品数：统计所有的不合格品并计数。
　判定接收与否。

3．服装验货工作流程

以服装成衣为例，服装的检验应贯穿于裁剪、缝制、锁眼钉扣、整烫等整个加工过程中。成衣检验一般分为四个阶段，即产前检验、生产初期检验、生产中期检验和生产尾期检验。

课后思考

1. 生产大货时，当工厂裁床唛架用料超过客户所提供的用料时，作为客户的跟单员要对工厂的用料做怎样的核对？

2. 大货最后抽查是在大货生产完成百分之几时进行？当抽查数量中的不合格率超过 AQL 的要求时，跟单员要怎样做？

3. 一批大货生产，跟单员一般需要做哪几个时段的质检，不同时段的抽检有什么不同的目的？

4. 在大货生产中，什么叫作中查？什么叫作尾查？什么叫作抽验？它们在时间上有什么不同？

5. 如果使用 AQL4.0 质检抽查法，批量为 15 000 件，那么这批货抽查数量是多少？可以接受疵品是多少？

参考答案

项目 8
包装与运输跟单

知识目标

1. 了解纺织服装出口常用的包装及分类。
2. 了解纺织服装常用的出口运输方式。

能力目标

1. 能够根据外贸商品特性选择合适的包装材料。
2. 能够根据单件包装的最大内装物载重量和最大综合尺寸,结合相关技术要求,选择合适的出口纸箱。

包装与运输跟单

8.1 包装的意义与分类

8.1.1 包装的意义

包装不但能保护纺织品服装、方便储存、便于运输，还起到介绍产品、指导消费、宣传促销的作用，并具有区分服装、树立形象、创造价值的作用。许多国家对进（出）口服装产品的包装要求更高，商检及海关都十分重视。

服装包装是服装生产的继续，只有通过服装包装，才算完成生产过程，服装才能进入流通领域和消费领域，才能实现服装的使用价值。包装是保护服装在流通过程中质量完好和数量完整的重要措施，有些服装甚至根本离不开包装，与服装包装成为不可分割的统一体。

8.1.2 包装的分类

纺织服装产品包装根据不同的分类目的，可分为不同类别。

1．按用途分类

（1）销售包装。销售包装是指以销售为主要目的的包装，起着直接保护产品的作用。其包装件小、数量大，讲究装潢印刷。包装上大多印有商标、说明、生产单位，因此又具有美化产品、宣传产品、指导消费的作用。

（2）工业包装。工业包装是将大量的包装件用保护性能好的材料（纸盒、木板、泡沫塑料等）进行的大体积包装，其注重牢固和方便运输，不讲究外部设计。

（3）特种包装。特种包装属于保护性包装，其材料的构成须由运送和接收单位共同商定，并有专门文件加以说明。

2．按包装的层次分类

（1）内包装。内包装又称为小包装、销售包装，有时也称为直接包装，通常是指将若干件服装组成最小包装整体。内包装主要是为了加强对产品的保护、促销，便于再组装，同时，也是为了分拨、销售产品时计量的需要。服装的内包装在数量上大多采用5件或10件，半打或一打（英制单位中，一打为12件，我国企业计数时也有将一打计为10件的）组成为一个整体。

（2）外包装。外包装又称为运输包装或大包装，是指在产品的销售包装或内包装外面再增加一层包装。由于它主要用来保障商品在流通过程中的安全，保护和防止出现"货损""货差"，便于装卸、运输、储存和保管，因此具有提高产品的叠码承载能力，加速交接、点验等作用。

3．按国际贸易的习惯做法分类

按国际贸易的习惯做法，通常采用服装中性包装，包括无牌服装中性包装和定牌服装中性包装。服装中性包装是指不标明生产国别、地名和厂商名称，或者不标明商标或品牌的服装包装。采用服装中性包装是为了打破某些进口国家与地区的关税和非关税壁垒以及适应交易的特殊需要（如转口销售等）。它是出口国家加强对外竞销和扩大出口的手段。

（1）无牌服装中性包装。无牌服装中性包装是指服装包装上既无生产国别和厂商名称又无商标或品牌标志。

（2）定牌服装中性包装。定牌服装中性包装是指服装包装上仅有买方指定的商标或品牌，但无生产国别和厂商名称。

4．按包装材料分类

根据所选用材料的不同，包装可分为纸包装、塑料包装、木包装、金属包装、玻璃包装、复合材料包装和其他天然材料包装等。这些不同的包装材料主要用于适应产品本身的性质特点。

5．按包装造型结构分类

根据造型结构的不同，包装可分为便携式包装、开窗包装、透明包装、悬挂包装、堆叠式包装、组合式包装和礼品式包装等。这种包装设计主要考虑产品本身的使用情况。

6．按包装质量水平分类

根据质量水平的不同，包装可分为高档包装、中档包装和低档包装（或普通包装）。一般外销产品、专卖品、设计为礼品的纺织服装产品等多采用高档或较高档包装；团购产品、进超市销售的产品往往采用中档包装；而低端客户产品则一般采用低档包装。总之，包装质量档次要与产品档次匹配，做到"适销对路"。

7．按包装使用次数（能否回收）分类

根据使用次数或包装能否回收再重复利用进行分类，包装可分为一次用包装和多次用包装。一般纺织品包装中的大包装均可以多次重复利用，以节约成本、减少物耗。

8.2 包装的基本材料

现代四大支柱包装材料分别是纸、塑料、金属、玻璃。其中，纸与塑料包装材料在纺织服装领域中的应用最为广泛。

8.2.1 纸包装材料

纸包装材料之所以能受到大众的青睐，是因为它有一系列其他材料不能替代的优点。由于纸质包装材料的主要成分是天然植物纤维，易被微生物分解，减少了处理包装废弃物的成本，因此其在包装材料中占据主导地位。纺织服装品的主要包装材料即纸质包装材料。

1．纸包装材料的优点

首先，纸包装材料本身的性能优良。加工性能好、印刷性能优良、具有一定的机械性能；不透明、卫生安全性好、弹性和韧性好、品种多样、容易大批量生产、重量较轻、便于运输；收缩性小、稳定性高、不易碎且易切割，同时，若使用薄型和具有阻隔

性好的纸基复合材料包装物品，则能够延长货架寿命。

其次，纸包装材料被誉为21世纪最具发展前景的绿色包装材料之一，因为其在环保方面与其他包装材料相比有不可比拟的优势。

2．纸包装材料的种类

常用的主要包装用纸包括纸袋纸、牛皮纸、鸡皮纸、玻璃纸、羊皮纸、仿羊皮纸、瓦楞原纸、邮封纸、糖果包装纸、茶叶装滤纸和感光防护纸等。下面简单介绍纸袋纸、牛皮纸、鸡皮纸、玻璃纸和瓦楞原纸。

（1）纸袋纸。纸袋纸又称水泥袋纸，其强度较高，一般用于水泥、化肥、农药等工业品的包装。

（2）牛皮纸。牛皮纸属于高级包装纸，分为一号牛皮纸和二号牛皮纸，纺织品、绒线等多采用牛皮纸包装。其具有较高的耐破度和良好的耐水性，包装产品既有卷筒纸，也有平板纸。

（3）鸡皮纸。鸡皮纸是单面光的平板薄型包装纸，在纺织品包装中一般被用作印刷商标。

（4）玻璃纸。玻璃纸透明度高、光泽性好、印刷效果佳，常用于纺织品等产品的美化包装，因此高档纺织品的包装中常大量使用玻璃纸。

（5）瓦楞原纸。瓦楞原纸是制造各种瓦楞纸板及瓦楞纸箱的主要材料。瓦楞纸板可制作成瓦楞纸盒和瓦楞纸箱。瓦楞纸盒或瓦楞纸箱是纺织品最常用的包装之一。

瓦楞纸板的类别主要依据瓦楞纸板的规格型号、瓦楞形状和用纸层数三个方面来划分。瓦楞纸板的规格型号由瓦楞高度（楞谷与楞峰之间的高度）、不同的瓦楞数（楞与楞之间的疏密程度）和不同的瓦楞收缩率来确定，依次列为K、A、C、B、D、E和F七种型号，其中A、C、B和E四种型号被普遍使用。瓦楞形状是指瓦楞剖面齿形轮廓的波纹形状，通常有三种，即U形、V形和UV形，不同楞形具有不同的性能特点。瓦楞纸板的用纸层数指的是用以被制成瓦楞纸的厚纸层数，依据层数多少可将瓦楞纸板分为二层瓦楞纸板（又称为单面瓦楞纸板）、三层瓦楞纸板（又称为双面瓦楞纸板）、五层瓦楞纸板（又称为双层瓦楞纸板）、七层瓦楞纸板（又称为三层瓦楞纸板）。在为纺织品选择包装瓦楞纸箱时可以根据产品的性质特点，结合瓦楞纸板的规格型号、瓦楞形状和用纸层数三个方面来进行综合选择。

8.2.2　塑料包装材料

20世纪80年代初，塑料以其巨大的优越性席卷了包装的各个领域，出现了全面取代或部分取代纸、木、玻璃甚至金属包装的趋势。可以说，现代包装技术是随着塑料工业的发展而发展起来的。

1．塑料包装材料的优缺点

（1）塑料包装材料的优点。

①透明性好。很多塑料呈透明状，用其包装产品，不必开封即可一目了然，见形见色。

②阻隔性好。对水分、水蒸气、气体有良好的阻隔性能，可有效保护产品。

③化学性能稳定。有较好的抗腐能力，有的塑料还能耐强酸、强碱，其性能大大超

过玻璃容器。

④加工性良好。易于加工成所要的形状。

⑤机械性能好。塑料的强度比金属大。

⑥价格低廉。自从石油工业取得突破性的发展开始，塑料的获取变得非常容易，从而使得塑料的成本比纸要低得多

（2）塑料包装材料的缺点。

①塑料由树脂和添加剂组成。它的化学结构不稳定，在光、热等外界条件影响下，容易发生变化，分解出微量对人体有害的物质，会污染内装物品。

②塑料一般难以处理，有些难以分解，有些焚烧后会产生有害气体，对环境易造成较大的污染。

欧美许多国家已明令禁止使用塑料包装和泡沫塑料餐具。

在人类尚未彻底解决塑料对人体的危害及对环境污染的弊病之前，塑料包装的发展速度将会减慢。

2．塑料包装在服装中的应用

塑料是应用最普遍和最广泛的袋包装的主要材料，有些塑料袋要求留有气孔。塑料包装具有防污染、保护服装、成本低廉、便于运输等优点，但同时也存在支撑强度小、容易损坏等缺点。

服装塑料包装的款式、形状、大小、厚薄等应根据折叠后的服装而定；立体包装使用的是挂式塑料袋包装，顶端要有衣架孔，开口在下方。

8.2.3　纺织服装产品的包装方法

1．折叠包装

折叠包装是家用纺织品和服装包装中最常用的一种形式。折叠时要把产品的特色之处、款式的重点部位，特别是必须将服装的吊牌（价格标牌）显示于可见位置。折叠应平服，不同类服装分别减少服装叠位，尽量减少消费者拆装后的整烫工作。为防止松脱，在适当的部位要用大头针或胶夹固定。为防止产品变形，可衬垫硬纸板，折叠好后也可将其装入相应的包装袋或包装盒中。

2．真空包装

真空包装是把纺织品或服装装入封闭式塑料袋后，将袋内和纺织品以及服装中的空气抽掉，再将袋口封合。真空包装可缩小服装体积和减轻服装重量，以方便储运，降低运输成本，因此特别适合于体积大且蓬松的棉绒类服装和床品。

3．立体包装

立体包装多用于高档服装，如毛呢、裘皮类服装以及一些特种定型效果的服装等。现在应用越来越广泛，一般时装也常采用立体包装。此类包装将服装套在衣架上，再套包装袋，克服了服装包装运输后产生皱褶的问题，可充分保证产品的外观质量，并有利于店铺陈列，但由于在保管和运输上要有专用挂架，因此成本比折叠包装高。

4．内外包装

（1）内包装。内包装又称小包装，通常是在数量上以单件、套为单位的包装，以方

便零售；或是以5件或10件、6件或12件等为单位的包装，以方便分拨、计量、再组装。

（2）外包装。外包装又称大包装或运输包装。它是在产品的内包装外再添加一层包装，使包装堆集强度增强。它的作用主要是保障产品在流通过程中的安全，同时，使装卸、运输、储存、保管和计量更为方便。

8.2.4　纺织服装产品装箱的分配方法

纺织服装产品常见的按规格装箱的分配方法如下：
（1）单色单码装按同种颜色、同一规格的服装进行装箱；
（2）单色混码装按一定的比例进行规格搭配装箱；
（3）混色单码装按一定的比例进行颜色搭配装箱；
（4）混色混码装先按一定的比例进行规格搭配，然后再考虑进行颜色搭配装箱。

8.3　包装标志

几乎所有货物的包装上都刷制了各种各样的标志，纺织品的包装上也不例外。这些标志的作用是为了方便货物的交接，防止错发、错运、错提货物，方便货物的识别、运输、仓储管理以及方便海关等有关部门依法对货物进行查验等。按其作用不同，包装标志可分为运输标志、指示性标志、警告性标志、辅助性标志等。

8.3.1　运输标志

运输标志（Shipping Mark）又称为唛头，是货物包装上的主要标志。它一般由一个简单的几何图形、字母、数字及简单的文字、收/发货人名称简字代号、目的地名称以及件数等组成。

按照国际标准化组织（ISO）的建议，运输标志包括以下四项内容：
（1）收/发货人名称简字首或简称。
（2）参照号码。例如买卖合同号码、订单号、发票号、货运单号、信用证号等。
（3）目的地。货物运送的最终目的地或目的港的名称。
（4）件数号码。本批每件货物的顺序号和该批货物的总件数。

为了便于刻唛、刷唛，以节省时间和费用，便于制单及在信息传递过程中使用电信手段，国际标准化组织推荐的标准运输标志中不使用几何图形或其他图形。图8-1是某家针织服装公司出口箱唛。

图8-1　出口箱唛

8.3.2 指示性标志

指示性标志（Indicative Mark）是根据商品的特性，对易损、易碎、易变质的商品，在搬运装卸操作和存放保管条件方面所做出的要求和注意事项，用图形或文字表示的标志。例如，"小心轻放"（图 8-2）、"此面向上"（图 8-3）、"保持干燥"或"谨防潮湿"（图 8-4）、"禁止用钩"、"请勿践踏"等。

图 8-2　小心轻放　　　　图 8-3　此面向上　　　　图 8-4　保持干燥

8.3.3 警告性标志

警告性标志（Warning Mark）又称危险品标志（Dangerous Cargo Mark），是指在易燃、易爆、腐蚀性和氧化剂或放射物质等危险品的运输包装上用图形或文字表示的各种危险品的标志。其作用是警告有关装卸、运输和仓储保管人员注意按照货物特性采取必要的相应保护措施，以保障人身和货物的安全。

国际上一些标准组织或机构、我国的国家标准等对警告性标志都做出了相应的具体规定。跟单员应熟悉这些规定。

8.3.4 辅助性标志

辅助性标志 Auxiliary Mark 是指在货物的外包装上用于补充说明箱型尺寸、重量、产地标志等内容的，起辅助说明作用的各类文字或图形的统称，主要包括以下内容：

（1）重量标志。在运输包装上说明包装货物的毛重及净重。

（2）体积标志。在运输包装上说明包装的最大外形尺寸。

以上两个辅助标志结合起来，可以很方便地判断出包装货物是"标货""重货"还是"轻货"，以确定计算运输费用的标准。

（3）产地标志。产地标志是指在货物包装上注明生产厂商或产地名称的标志。一般情况下，货物产地是海关统计和征税的重要依据，海关往往会要求在货物包装上和单据上注明产地名称，跟单员跟单时应该照章办事，但如果合同中规定了"中性包装"条款，那么应该在货物包装上和相应的单据上隐去产地名称和厂商名称。

（4）配码标志。配码标志是指包装内货物按规格装箱的分配方法的具体说明。可以单色单码按同种颜色、同一规格的服装进行装箱，可以单色混码按一定的比例进行规格搭配装箱，也可以混色单码按一定的比例进行颜色搭配装箱，还可以混色混码先按一定的比例进行规格搭配，然后考虑进行颜色搭配装箱。这些说明往往运用"配码标志"来呈现，当然也可在唛头中展示出来。

8.4 条形码

8.4.1 条形码技术的应用

服装企业有其特殊的行业特性，服装产品的款式、颜色、尺码组合的特点决定了其单品数量随款式的增加而呈几何级增长；而服装销售体系又涵盖了直销、批发特许加盟等多种业态。零售店数量众多，地理位置分散导致信息量急剧增长。显然，手工收集销售、物流、盘点、调配等环节的大量数据是不现实的，因此大多数服装企业在服装包装上采用了服装条形码技术。服装条形码是在服装跟单中经常用到的一个常用知识。

8.4.2 条形码的概念

条形码是美国于1949年首先提出来的。近年来，随着计算机应用的普及，条形码的应用得到了很大的发展。条形码可以标出商品的生产国、生产厂家、商品名称、生产日期、服装分类号、品名规格、服装价格等，因此在商品流通、图书管理、邮电管理、银行系统等许多领域得到了广泛的应用。所谓条形码（简称"条码"）就是一种利用光电扫描阅读设备识读并实现数据自动输入计算机的特殊符号。严格地讲，它是一组规则排列的条、空及其对应字符组成的标记。其作用是用来表达一定的信息。

8.4.3 条形码的分类

条形码在服装企业的应用中，根据使用范围不同，一般分为商品码和物流码。一般情况下，物流码只在企业内部使用，而在服装进入商业流通领域后应使用商品码。

商品码是指经中国物品编码中心审批后，供服装企业生产的产品在商业流通中使用的代表一定商业信息的条形码，主要有EAN-13码。

物流码是在服装企业内部使用的代表物流信息的条码，其编码原则可依具体服装企业而定。物流码编含有大量信息，如有的企业编码原则为：订单号＋序号＋颜色代码＋规格。

8.4.4 商品条码的编码结构

1. 标准版商品条形码（EAN-13 码）的结构

标准版商品条码所表示的代码由十三位数字组成，其结构如下：

结构 1：X13X12X11X10X9X8X7X6X5X4X3X2X1。

其中，X13……X7 七位数字表示厂商识别代码；X6……X2 五位数字表示商品项目代码；X1 一位数字为校验码。

结构 2：X13X12X11X10X9X8XX7X6X5X4X3X2X1。

其中，X13……X6 八位数字表示厂商识别代码；X5……X2 四位数字表示商品项目代码；X1 一位数字为校验码。

当前三位数字 X13X12X11 为 690、691 时，其代码结构同结构 1；当 X13X12X11 为 692 时，其代码结构同结构 2。

2. 缩短版商品条形码（EAN-8 码）的结构

缩短版商品条码由 8 位数字组成，其结构如下：
X8X7X6X5X4X3X2X1。

其中，X8X7X6 的含义同标准版商品条码的 X13X12X11；X5X4X3X2 表示商品项目代码，由 EAN 编码组织统一分配（在我国是由中国物品编码中心统一分配）；X1 为校验码。计算时，需在缩短版商品条码的代码前加五个"0"，然后再按照标准商品条码的计算方法进行计算。

8.4.5 服装条形码的应用

目前，国际上已经普遍在服装包装上使用条形码标签。在销售部门，当把顾客选定的所有服装的条形码全部扫描后，计算机能立即报出总价并把购物清单打印出来。这样，商店只需配备少量的售货员便能迅速、准确地完成结账、收款等工作，既方便顾客，也为商店自身改善管理、提高销售效率、降低销售成本创造了条件，而就批发、仓储运输部门而言，通过使用条形码技术，可使服装的分类、运输、查找、核对等情况迅速、准确地汇总，大大缩短了服装流通和库内停留时间，减少服装损耗。不少国家和地区为了适应服装流通的需求，限定在服装包装上必须印刷条形码标志，否则不准进口，因此，在国际上，服装条形码的应用已成为服装现代化包装的一个重要内容。

8.4.6 我国条形码的申请和管理

1988 年成立的中国物品编码中心是我国条形码技术与应用的对口管理单位。凡使用服装条形码的企业，一律要通过设在各地的"分中心"向中国物品编码中心提出申请，然后由其统一分配企业代码。另外，生产和经营出口服装的企业使用条形码，还需由中国物品编码中心统一向国际条形码组织申请注册手续。

8.5　出口包装的主要工作内容

（1）仔细阅读包装相关条款，根据包装要求选择合适的包装材料，包装要求见表 8-1。

表 8-1　包装要求

CARTON REQUIREMENTS	
1.1　Cartons size required: 60 cm length × 40 cm width × 35 cm height	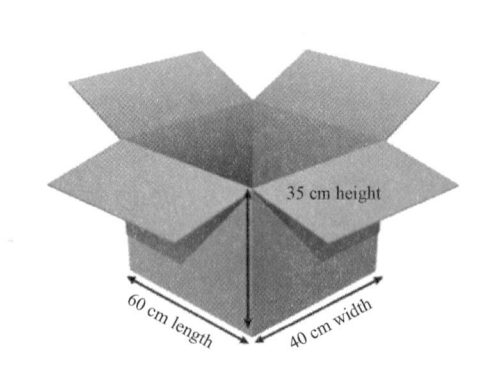
1.2　For material that does not fit these dimensions a ternative sizes should be 40 cm length × 40 cm width × 35 cm height 80 cm length × 40 cm width × 35 cm height	
1.3　Use wall corrugated cardboard Carton should be thick and resistant enough not to be damaged during transportation Cartons should be made from 1 1 0 0 pound test cardboard with an edge crush test （ECT）rating of 9 0	
1.4　All cartoons should be lined with plastic to prevent spillage in the case of a carton breaking. This 　plastic lining should not be sealed to allow ventilation of the products	

（2）根据要求打印装运唛头（表8-2）。

表8-2 装运喷头

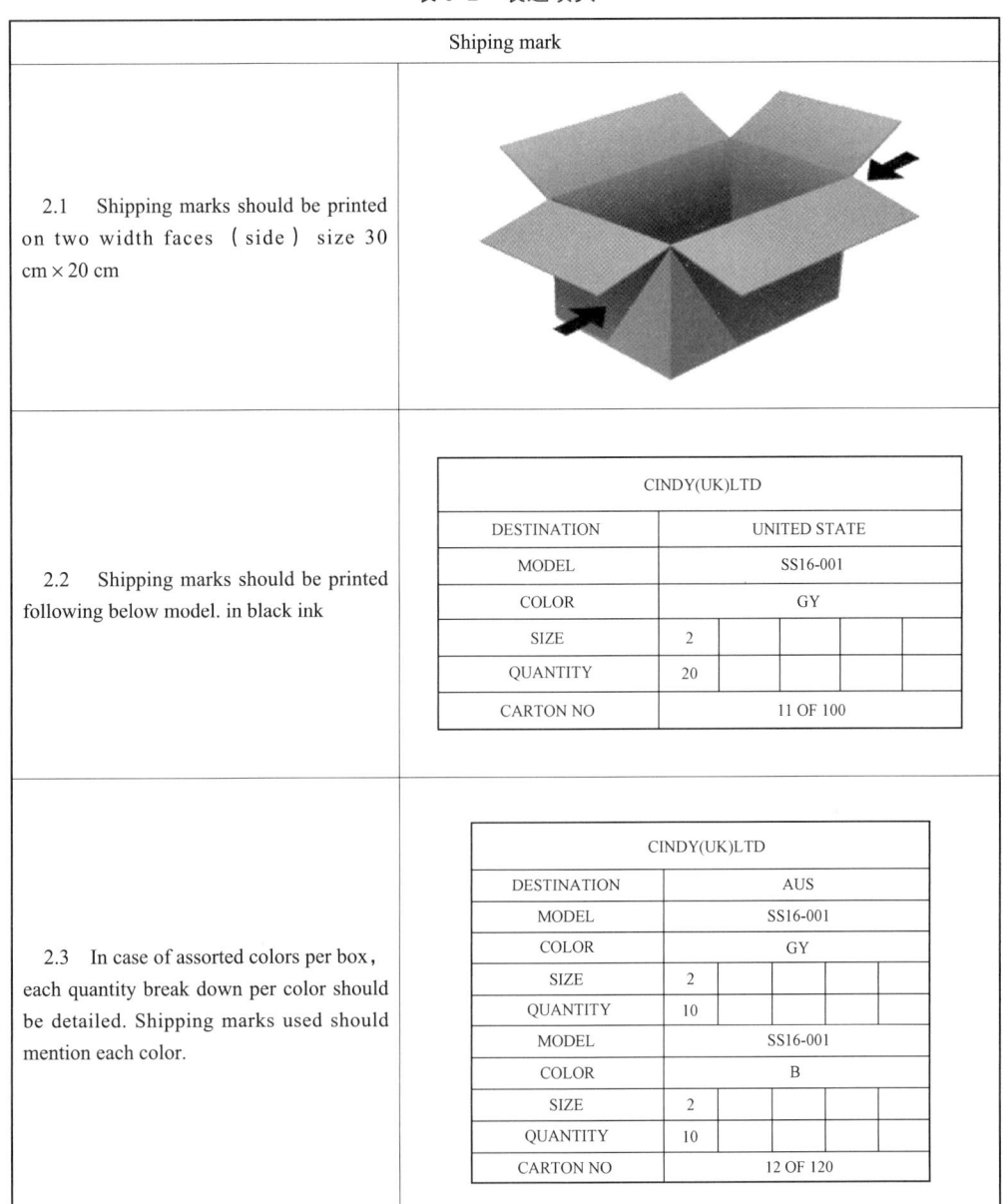

Shiping mark	
2.1 Shipping marks should be printed on two width faces（side）size 30 cm×20 cm	
2.2 Shipping marks should be printed following below model. in black ink	CINDY(UK)LTD DESTINATION: UNITED STATE MODEL: SS16-001 COLOR: GY SIZE: 2 QUANTITY: 20 CARTON NO: 11 OF 100
2.3 In case of assorted colors per box, each quantity break down per color should be detailed. Shipping marks used should mention each color.	CINDY(UK)LTD DESTINATION: AUS MODEL: SS16-001 COLOR: GY SIZE: 2 QUANTITY: 10 MODEL: SS16-001 COLOR: B SIZE: 2 QUANTITY: 10 CARTON NO: 12 OF 120

8.6 出口运输跟单

纺织品进出口贸易中，若以FOB或FCA价格术语成交的合同，则由买方（或其代理人）负责安排租船订舱运输，并负责办理保险事宜；若以CIF（CP）或CFR（CPT）价格术语成交的合同，则由卖方负责做好租船订舱工作，并负责办理保险事宜。

在这个阶段，跟单员主要有以下工作：报告最终可出口产品数量（包括外箱等包装数量）、体积、重量等数据，配合其他部门（如单证部、储运部）办理租船订舱工作和保险；若是全程跟单，则需向货运代理或船务代理办理租船订舱，并在运输工具起运前完成保险事宜。

在货物生产后期，纺织品外贸跟单员要及时联系货运，使纺织品能够顺利发往目的地。由于国际运输路线长、风险大、费用较高，因此选择合理的运输方式十分重要。

8.6.1 出口运输跟单概述

外贸运输跟单是跟单员的中心工作和富有挑战性的任务，它既包括国内运输，还包括国际运输。生产跟单时，主要处理企业内部运输和国内运输等业务；外贸跟单时，更多处理的是国际运输业务，当然其中也包括部分国内运输业务。

8.6.2 运输方式的种类

1．根据运输跟单业务发生的区间范围分类

（1）企业内部运输。企业内部运输是指发生在企业内部各车间、各部门、各生产单元之间或者物流的上下游之间的运输。鉴于生产跟单员的职责范围与此相适应，该类运输跟单主要由生产跟单员来负责完成。生产跟单员跟单时，必须精心设计运输路线，做到运输路线满足生产需要的前提下，运输路线最短、运输路线最优且路线不交叉、不回流。

（2）企业外部运输。企业外部运输是指发生在企业之外的各类运输，包括国内运输和国际运输等。一般来说，国内运输跟单可由生产跟单员来完成，也可由外贸跟单员来完成，而国际运输（即进出口运输）业务往往由外贸跟单员负责完成。外贸跟单员跟单时，必须选择适应纺织品进出口的运输方式，做到运费最省、货损货差最小。

2．根据运输工具的不同分类

（1）水上运输。水上运输是指借助船舶完成的运输方式，包括内河运输、江海运输等。其特点是运量大、运费低，但运速较慢、有一定风险。由于纺织品贸易一般交易量大，因此为节省运输费用，绝大多数情况下是通过水上运输来完成的。

（2）铁路运输。铁路运输是借助连续的铁轨完成连续运输甚至跨国运输而不必动箱中货物的连贯运输方式，适用于国内运输、到港澳运输、陆上与我国接壤的国家的贸易运输等。其特点是连贯性强、运量较大、运费较低廉、运速较快，尤其是借助于铁路运输还可以实现大陆桥运输。纺织贸易中采用铁路运输的比重也不小。

（3）公路运输。公路运输是借助公路网实现陆上小额交货的运输形式。其特点是运输灵活、可实现"门到门"服务，但运量较小、费用较高、运输途中风险较大。纺织品国际贸易较少采用此类运输方式，但国内贸易业务中采用此类运输方式却很常见。

（4）航空运输。航空运输是借助飞机完成国际间的高质量运输的一种运输方式。其特点是运输迅速、安全准时、运输质量高、可实现"桌到桌"服务，但运费昂贵。考虑到纺织贸易的特点，一般纺织服装外贸跟单较少选用航空运输方式，只在寄送纺织品样品时才选用此类运输方式。

（5）邮政运输。邮政运输是借助国际邮联运输系统来完成的跨国运输方式。其特点是运输迅速、快捷、运输质量较高、可实现"桌到桌"服务，但其运量较小、对包装要求较高、运输成本较高。一般情况下，纺织品外贸跟单时较少选用这种运输方式，与航空运输一样，邮政运输多被选择用于完成寄送样品的任务。

8.6.3 集装箱运输跟单

集装箱运输是以集装箱为集合包装和运输单位，适合"门到门"交货的成组运输方式，是成组运输的高级形态，也是国际贸易运输高度发展的必然产物。目前，它已成为国际上普遍采用的一种重要的运输方式。

1. 集装箱运输优点

集装箱又称"货柜""货箱"，原意是一种容器，即具有一定的强度和刚度的，专供周转使用并便于机械操作和运输的大型货物容器，因其外形像一只箱子，又可集装成组货物，故称为集装箱。

集装箱是用钢、铝、胶合板、玻璃钢或这些材料混合制成的。它具有坚固、密封和可以反复使用等优越性，这是任何运输包装都无法与之比拟的。集装箱放在船上等于是货舱，放在火车上等于是车皮，放在卡车上等于是货车厢，因此，无论在单一运输方式下或多式联运运输方式下均不必中途"倒箱"。集装箱由于内部容量较大，而且易于装满和卸空，因此在装卸设备配套的情况下能迅速将其搬运。

集装箱运输具有以下优点：

（1）可露天作业，露天存放，不怕风雨，间接扩大了库容；

（2）可节省商品包装材料，可保证货物质量、数量，减少货损货差；

（3）便于装卸作业机械化，节省劳动力和减轻劳动强度；

（4）提高装卸速度，提高车船的周转率，减少港口拥挤，扩大港口吞吐量。据统计，一个集装箱码头的作业量可顶7~11个普通码头，一台起吊设备装卸集装箱要比装卸普通件杂货快30倍，一艘集装箱船每小时可装卸货物400吨，而普通货轮每小时只能装卸35吨，每小时的装卸效率相差11倍；

（5）减少运输环节，可进行"门到门"的运输，从而加快了货运速度，缩短了货物的在途时间；

（6）减少运输开支，降低了运费，据国际航运界报道，集装箱运费要比普通件杂货运费低5%~6%。

2. 集装箱种类

集装箱规格根据国际标准化组织规定，有3个系列13种之多，而在国际航运上运用的集装箱主要为20英尺和40英尺两种，即1A型8英尺×8英尺×40英尺，1C型8英尺×8英尺×20英尺。集装箱的分类见表8-3，若按用途来分，则有以下几种：

（1）杂货箱。杂货箱除大部分箱头开门外，还有的是箱顶开门或箱侧开门，适用于装运各种杂货。它是最常用的标准集装箱，国际标准化组织建议使用的13种集装箱均为此类。

（2）保温箱。保温箱分为两种：一种是防热箱，另一种是冷藏箱。它们适用于装运因温度变化而容易变质的货物。

（3）散装干货箱。散装干货箱可用吸力或压力装卸，适用于装运散装的谷物、豆类、肥类、种子等。

（4）平板箱。平板箱的角柱和边围侧板均可拆开，折叠成平板，适用于装运钢材、木材等。

（5）罐装箱。罐装箱是一种圆桶形的不锈钢槽，内部是密闭罐形，上下有进出口管，适用于装运散装液体和压缩气体。

（6）牲畜箱。牲畜箱的箱壁为金属网，附有饲料槽，适用于装运马、牛、羊等活牲畜。

（7）载车箱。载车箱是一种框架式的集装箱，适用于装运大型卡车、叉车等货物。

表8-3 集装箱的分类

分类方法	集装箱的种类
按所装货物种类分	杂（干）货集装箱、散货集装箱、液体货集装箱、冷藏集装箱、挂衣集装箱、通用集装箱、罐式集装箱
按制造材料分	木集装箱、钢集装箱、铝合金集装箱、玻璃钢集装箱、不锈钢集装箱、纤维板集装箱
按结构分	折叠式集装箱、固定式集装箱（密闭集装箱、顶集装箱、板架集装箱）
按总重分	30吨集装箱、20吨集装箱、10吨集装箱、5吨集装箱、2.5吨集装箱等
按尺寸规格分	20英尺集装箱、40英尺集装箱、40英尺高柜集装箱、45英尺集装箱
按拥有者的身份分	货主自备集装箱、承运人集装箱
按ISO标准分	A型集装箱、B型集装箱、C型集装箱

3．集装箱装箱量计算

计算集装箱装箱量，是一门较复杂的技术工作，科学的装箱方法可以降低运输成本。目前在计算集装箱装箱量上，可以借助专门的集装箱装箱计算软件，对于不同规格的货物进行最科学的计算，以达到降低运输成本的目的，本文以纸箱为例，阐述跟单员计算集装箱装箱量的一般方法。

（1）对一批相同尺寸纸箱计算装箱量。

计算公式：

$$V_{集装箱内体积} \geqslant Q \times L \times H \times W$$

式中，Q是纸箱的数量；L是纸箱的长；H是纸箱的高；W是纸箱的宽。

（2）对一批不同尺寸纸箱计算装箱量。

计算公式：

$$V_{集装箱内体积} \geqslant (Q_A \times L_A \times H_A \times W_A) + (Q_B \times L_B \times H_B \times W_B) + (Q_C \times L_C \times H_C \times W_C) + \cdots \geqslant \sum Q_i \times L_i \times H_i \times W_i$$

其中，Q_A是A型纸箱的数量；L_A是A型纸箱的长；H_A是A型纸箱的高；W_A是

A 型纸箱的宽；Q_B、Q_C 等以此类推。

（3）实例介绍。

【例 8-1】 出口一批 T 恤产品，T 恤产品所用包装纸箱尺寸为 580 毫米 ×380 毫米 × 420 毫米，用 40 英尺钢质集装箱装运，箱内尺寸为长 12 050 毫米 × 宽 2 343 毫米 × 高 2 386 毫米，内容积为 67.4 立方米，计算该集装箱最多可装多少个纸箱。

解： 跟单员需考虑纸箱在集装箱内有多种不同的放置方法，根据计算得出最佳装箱方案。

	纸箱放置方法	长度方向	宽度方向	高度方向
方法一	集装箱内尺寸	12 050 毫米	2 343 毫米	2 386 毫米
	纸箱在集装箱内的对应位置	580 毫米	380 毫米	420 毫米
	集装箱长、宽、高可装箱量	20.775 箱	6.165 箱	5.68 箱
	去纸箱误差，集装箱可装纸箱数	长 20 箱 × 宽 6 箱 × 高 5 箱 =620 箱，总体积为 55.54 立方米		
方法二	集装箱内尺寸	12 050 毫米	2 343 毫米	2 386 毫米
	纸箱在集装箱内的对应位置变动	380 毫米	520 毫米	420 毫米
	集装箱长、宽、高共可装箱量	31.71 箱	4.03 箱	5.68 箱
	去纸箱误差，集装箱可装纸箱数	长 31 箱 × 宽 4 箱 × 高 5 箱 =620 箱，总体积为 57.39 立方米		
方法三	集装箱内尺寸	12 050 毫米	2 343 毫米	2 386 毫米
	纸箱在集装箱内的对应位置变动	420 毫米	580 毫米	380 毫米
	集装箱长、宽、高共可装箱量	28.69 箱	4.039 箱	6.278 箱
	去纸箱误差，集装箱可装纸箱数	长 28 箱 × 宽 4 箱 × 高 65 箱 =672 箱，总体积为 62.20 立方米		

结论：通过人工简单计算，显然"方法三"是最佳的一般性计算装箱方案。当然，如果运用计算机集装箱装箱量专门软件的计算，那么还可能继续提高装箱量。

【例 8-2】 出口一批 T 恤产品，T 恤产品所用包装纸箱尺寸为长 580 毫米 × 宽 380 毫米 × 高 420 毫米，用 40 英尺钢质集装箱，箱内尺寸为长 12 050 毫米 × 宽 2 843 毫米 × 高 2 386 毫米，内容积 67.4 立方米，迅速计算该集装箱最多可装多少个纸箱。

解： 交易会等特殊场合快速估算集装箱可装纸箱数量方法。

可装纸箱数量 = 集装箱内容积 ×0.9 误差系数 ÷（纸箱长 × 宽 × 高）

67.4 立方米 ×0.9÷（0.58 米 ×0.38 米 ×0.42 米）=655 箱（60.63 立方米）

以上两种解法各有特点和适用范围。例 8-2 一般适用于交易会等场所，是一种快速估算集装箱内可装纸箱数量的方法（也是估算运费的方法之一），而例 8-1 一般适用于比较精确定纸箱在集装箱内放置方法，从而能够计算出集装箱内具体的纸箱数量。这里需要指出的是，所有纸箱的尺寸是规则的，并没有出现由于纸箱内装的货物太多而发生局部凸出的现象。另外，所装的纸箱尺寸是相同的。实际上，在集装箱装箱时，还有许多方法可供选择。本文仅通过介绍其中一种装箱方案，使跟单员熟练运用所学知识设计出最佳的装箱方案。

上述两种不同的实例解法给我们提供了如下的启发：在合同和信用证中必须设置"溢短装条款"，以便在实际装箱时能够进退自如。另外，在实际装箱时，还必须考虑集装箱的承载重量。

4．集装箱交货方式和地点

集装箱运输是将一定数量的单件货物装入标准规格的金属箱内，以集装箱作为运送单位所进行的运输，适用于海洋运输、铁路运输及国际多式联运。

集装箱运输方式有整箱货（Full Container Load，FCL）和拼箱货（Less Container Load，LCL）之分。一般而言，凡装货量达到集装箱容积之 75% 以上或达到集装箱负荷量 95% 的（即整箱货），由货主或货运代理人装箱后以箱为单位向承运人进行托运；凡货量不到上述整箱标准的，须按拼箱托运，即由货主或货运代理人将货物送至集装箱货运站（Container Freight Station，CFS）。货运站收货后，按货物的性质、目的地分类整理，然后将去同一目的地且货物间不排斥的货物拼装成整箱后再行发运。

集装箱交接的地点主要是在集装箱堆场或集装箱货运站，整箱货由货主在工厂或仓库进行装箱，货物装箱后直接运交集装箱堆场（Container Yard，CY）等待装运。货到目的港（地）后，收货人可直接从目的港（地）集装箱堆场提走，即"场到场"方式（CY/CY）；拼箱货是指由于货量不足一整箱，因此需由承运人在集装箱货运站负责将不同发货人的少量货物拼在一个集装箱内，货到目的港（地）后，再由承运人拆箱分拨给各收货人，即"站到站"的方式（CFS/CFS）。通过不同的交接地点，集装箱运输亦可实现"门到门"（Door to Door）的运输服务，即由承运人在发货人工厂或仓库接货，在收货人工厂或仓库交货。

5．集装箱运输的费用

集装箱运输的费用包括内陆或装港市内运输费、拼箱服务费、堆场服务费、海运运费、集装箱及其设备使用费等。

目前，集装箱货物海上运价体系比内陆运价体系成熟，基本上可分为两大类：一类是沿用件杂货运费计算方法，即以每运费吨为单位（俗称散货价）再加上相应的附加费；另一类是以每个集装箱为计费单位（俗称包箱价）。

（1）杂货基本费率加附加费。

①杂货基本费率。参照传统件杂货运价，以运费吨为计算单位，多数航线上采用等级费率。

②附加费。除传统杂货所收的常规附加费外，还要加收一些与集装箱货物运输有关的附加费。

（2）包箱费率。包箱费率以每个集装箱为计费单位，常用于集装箱交货的情况，即 CFS-CY 或 CY 条款。常见的包箱费率有以下三种表现形式：

① FAK（Freight for all Kinds）包箱费率，即对每一集装箱不细分箱内货类，不计货量（在重量限额之内）统一收取的运价。

② FCS（Freight for Class）包箱费率，按不同货物等级制定的包箱费率，集装箱普通货物的登记划分与杂货运输分法一样，仍是 1～20 级，但是集装箱货物的费率级差小于杂货费率级差，一般低级的集装箱收费高于传统运输；同一等级的货物，重货集装箱运价高于体积货运价。可见，船运公司鼓励发货人把高价货和体积货装箱运输。在这

种费率下，拼箱货运费计算与传统运输一样，可根据货物名称查得等级和计算标准，再去确定相应的费率，乘以运费吨，即得运费。

③FCB 包箱费率（Freight for Class 或 Bas），按不同货物登记或货类以及计算标准制定的包箱费率。

为了确保营运收入不低于成本，经营集装箱运输的船运公司通常还有最低运费的规定。所谓最低运费即起码运费。在拼箱货的情况下，最低运费的规定与班轮运输中的规定基本相同，即在费率表中都标有最低运费，任何一批货运其运费金额低于规定的最低运费额时，则按最低运费金额计在整箱货的情况下。由货主自行装箱，如箱内所装货物没有达到规定的最低计费标准时，则亏舱损失由货主负担。各船运公司都分别按重量吨和尺码吨给不同类型和用途的集装箱规定了最低装箱吨数，并以二者中高者作为装箱货物的最低装箱吨数，因此，提高集装箱内积载技术，充分利用集装箱容积，有利于节省运输费用。

货物装在集装箱内虽然因装卸次数减少而不致伤损，但若积载不当，或无视货物的性质和包装情况也会造成货损，所以，在积载时应注意以下问题：

①要根据集装箱的长、宽、高的尺寸来考虑单件货物的包装尺寸，以确定堆码的层次和方法。在往箱内装货时，只要总重量（集装箱的自重加货重）不超过集装箱所允许的载重量，就充分利用箱容，不要使箱内留有较多较大的空隙。

②不同的货物混装在一个箱内，应根据货物的性质、体积、重量及包装的强度调配货物摆放位置。通常将包装牢固、分量重的货物放在箱内下层，将包装不牢固、分量轻的货物放在箱内上层。

③箱内的货物重量要分布均匀，以防箱内某部分的负压过大使底部结构发生弯曲或开脱，或起吊时发生倾斜。

④在箱内堆码货物时，应视单件包装的强度决定堆码的层次，为防止压坏下层货物，应在适当的层次间垫放缓冲器材。

⑤为了防止货物相互碰擦、玷污、弄湿，应视情况在货物之间加隔板或遮盖物。

⑥箱内如有空隙应加缓冲物料以防货物晃动，缓冲物料应选用清洁、干燥的材料。

⑦对于挂装货（服装）应根据服装的尺寸长短，尽量设法利用箱容，并要注意保洁，切勿弄脏。

⑧货物装完后，在关箱前应采取适当措施，以防开箱时箱口的货物倒塌造成货损甚至人员伤害。

⑨对于拼箱货，在拼箱时应注意水分大的货物与干燥的货物、气味浓的货物与怕串味的货物、粉状货物、危险品货物与其他货物的拼装问题。

6．集装箱运输跟单流程

经上所述，集装箱运输跟单的主要内容和方法已基本清楚，下面仅就一般流程稍作归纳整理。

（1）订舱/订箱。

（2）接受托运并制作场站收据。

（3）发送空箱。

（4）整箱货（FCL）的装箱与交货，或拼箱货（LCL）的装箱与交货。

（5）货物进港。
（6）换取提单。
（7）货箱装船。
（8）寄送资料给船方。
（9）出运。

8.6.4 跟单员运输跟单工作流程

在实际的外贸运输操作中，跟单员要根据货物生产情况，在生产快要结束时协助工厂做好装运工作。

1．联系货代公司

一般外贸公司或者自营出口的生产厂家都会将发运货物委托给货物运输代理公司办理。出口量较大的公司会考察一些货代公司，与它们签订代理运输协议书，以便能够享受到优惠服务。

跟单员可以联系两到三家货代公司比较运输价格，如果不了解港口，应向货代公司询问清楚港口情况。

2．传订舱委托书给货代

根据信用证要求，跟单员应将运输相关内容及货物情况通知货代，委托书要注明以下内容：

（1）船期。写明装运的最后期限。
（2）目的港和始发港。为防止重名，要在港口名字后写明具体国家，如果不允许转运要特别注明。
（3）体积和货柜数量。如果是拼装货要写明装运体积，如果是整箱货要写明货柜数量和规格。
（4）件数和毛重。按照装箱单内容填写货物的大件数及毛重。
（5）通知人。按照信用证要求填写。
（6）收货人。按照信用证要求填写。
（7）发货人。
（8）唛头。
（9）货物名称。

3．通知工厂拖柜时间

货代订舱成功后，会通知跟单员船名、起运时间、到工厂拖柜时间等。跟单员要及时和工厂联系，以明确是否能够按时装运，若有问题可及时调整。

确定拖柜时间后，跟单员应该给工厂发进仓通知，写明货物的品名、箱数、联系人电话等。

4．跟进装运过程

对于重要货物，跟单员应该在工厂监视装载；对于一般货物，跟单员可以通过电话联系。在整个装运过程中，跟单员要和工厂保持联系，确保货物顺利装运。从工厂装运出来后要估算时间，及时和货代联系，直至确定货物运送到堆场。

5．装船跟踪并通知客户

装船当天要和货代保持联系，确保货物准时装船，及时通知客户装船时间、装运船名航线，以便其收货。

6．获取提单

因为提单是重要的议付单据，所以跟单员须催促货代及时寄出提单。取得提单后，公司应集合所有单据交银行议付。

课后思考

1. 大货包装胶袋是如何设定尺寸的？大货装货纸箱是如何设定尺寸的？
2. 集装箱运输有哪些优点？如何计算集装箱运输的运费？

参考答案

参考文献

［1］中国国际贸易学会商务专业培训考试办公室．外贸跟单理论与实务［M］．北京：中国商务出版社，2009．

［2］孙国忠，滕静涛，杨华．国际贸易实务［M］．4版．北京：机械工业出版社，2016．

［3］刘嵩，曲丽君．纺织服装外贸英语函电［M］．北京：中国纺织出版社，2008．

［4］倪武帆．纺织服装外贸跟单［M］．北京：中国纺织出版社，2008．

［5］周爱英，于春阳，楼亚芳．服装理单跟单实务［M］．上海：东华大学出版社，2015．

［6］张芝萍，田琦．纺织品外贸跟单实务［M］．北京：中国纺织出版社，2008．